Jardim dos Anjos

PATRICIA GEBRIM

Ilustrações de Joanna Lunardelli

Jardim dos Anjos

*Um caminho para despertar
o seu potencial interior*

Editora
Pensamento
SÃO PAULO

Copyright do texto © 2007 Patricia Gebrim.

Copyright das ilustrações © 2007 Joanna Lunardelli.

Copyright © 2009 Editora Pensamento-Cultrix Ltda.

1ª edição 2009 – Catalogação na fonte 2008.

6ª reimpressão 2018.

Todos os direitos reservados. Nenhuma parte deste livro pode ser reproduzida ou usada de qualquer forma ou por qualquer meio, eletrônico ou mecânico, inclusive fotocópias, gravações ou sistema de armazenamento em banco de dados, sem permissão por escrito, exceto nos casos de trechos curtos citados em resenhas críticas ou artigos de revistas.

Dados Internacionais de Catalogação na Publicação (CIP)
(Câmara Brasileira do Livro, SP, Brasil)

Gebrim, Patricia
    Jardim dos anjos : um caminho para despertar o seu potencial interior / Patricia Gebrim ; ilustrações de Joanna Lunardelli. — São Paulo : Pensamento, 2008.

    ISBN 978-85-315-1560-6

    1. Anjos 2. Auto-realização 3. Baralho 4. Cura 5. Espiritualidade 6. Felicidade I. Lunardelli, Joanna. II. Título.

08-11025
CDD-133.3242

Índices para catálogo sistemático:

1. Cartas dos anjos : Ciências parapsicológicas
133.3242

Direitos reservados
EDITORA PENSAMENTO-CULTRIX LTDA.
Rua Dr. Mário Vicente, 368 — 04270-000 — São Paulo, SP
Fone: (11) 2066-9000 — Fax: (11) 2066-9008
E-mail: atendimento@editorapensamento.com.br
http://www.editorapensamento.com.br
Foi feito o depósito legal.

Impressão e Acabamento: Vallilo Gráfica e Editora | graficavallilo.com.br | 11 3208-5284

ÍNDICE

Prefácio — por Joanna 7
Prefácio — por Patricia 11
Introdução 13
Consagração do baralho 15
Utilização do baralho 19
Visualizações de cura 21

   1. Abundância 23
   2. Alegria 26
   3. Amor de Alma 28
   4. Amor-próprio 30
   5. Anjo da Guarda 33
   6. Bênçãos 36
   7. Completude 38
   8. Comunhão 41
   9. Conexão 44
  10. Consciência 46
  11. Coragem 49
  12. Criança interior 52
  13. Cura 55
  14. Cura planetária 58
  15. Desapego 60
  16. Entrega 63

17. Equilíbrio 65
18. Fé 68
19. Fluidez 70
20. Graça 73
21. Gratidão 75
22. Harmonia 77
23. Inspiração 80
24. Integridade 82
25. Intenção 85
26. Liberdade 87
27. Manifestação 89
28. Meditação 92
29. Milagre 94
30. Movimento 96
31. Natureza 99
32. Novo amor 102
33. Nutrição 105
34. Paciência 108
35. Paixão 111
36. Perdão 114
37. Poder pessoal 117
38. Posicionamento 120
39. Renascimento 122
40. Retiro 125
41. Romance 128
42. Saudação 131
43. Saúde 133
44. Vitória 135

Prefácio

Por Joanna

Desde criança, tive várias experiências com o mundo invisível, o que me ajudou a acreditar na existência de outras dimensões além desta na qual vivemos, comumente chamada de "terceira dimensão", ou dimensão do "mundo material".

Sempre fui fascinada por este mundo tão cheio de mistérios, magia e milagres, e que é, ao mesmo tempo, muito real e verdadeiro. Desde os meus 15 anos, busquei incansavelmente caminhos que me conduzissem a um paraíso aqui na Terra. Nessa busca, por meio das minhas experiências, descobri que esse caminho só pode ser trilhado quando criamos uma relação de harmonia entre o mundo material e o mundo espiritual.

Os desenhos dos três primeiros anjos, feitos em 2003, surgiram como frutos dessa busca. Meu desejo era dar aos anjos uma roupagem mais atual, com o intuito de despertar o interesse das gerações vindouras para a espiritualidade, uma vez que esse era o pilar de sustentação e equilíbrio em minha vida.

Assim surgiram os anjos do Equilíbrio, da Fé e do Perdão. "Coincidentemente", ao desenhar esses anjos, passei por situações de vida nas quais tive de exercitar o meu equilíbrio, sustentar a minha fé e aprender a perdoar. Todos os dias eu olhava para a imagem dos anjos, que plastifiquei e pendurei bem acima da cabeceira da minha cama.

Algumas pessoas, muito queridas na época, pediram os desenhos e eu compartilhei esses três primeiros anjos com elas. Foi então que coisas incríveis começaram a acontecer e o Universo começou a me mostrar o impacto que os anjos causavam nas pessoas. Aqui e ali eu recebia informações que me tocavam profundamente. Desconhecidos viam os desenhos e se encantavam com eles, pessoas afirmavam que os anjos tinham curado alguém e crianças afirmavam conversar com os anjos dos desenhos. Tudo isso me motivou a prosseguir, acreditando que algo extraordinário estava se manifestando por intermédio daqueles anjos.

Senti o desejo de desenhá-los na forma de pôsteres para que trouxessem alegria, amor, prosperidade e tantas outras qualidades divinas para dentro dos lares das pessoas. Mas eu sentia que algo mais era necessário. Além das imagens, eu visualizava lindos textos que ampliassem aquilo que as imagens tinham a oferecer, algo que pudesse levar um consolo, uma luz e, quem sabe, cura às pessoas. "Cura" — era isso o que eu visualizava!

Tentando escrever esses textos, li um livro atrás do outro, mas não conseguia escrever nada, e aos poucos fui me dando por vencida. Assim, dois anos se passaram até que certo dia mostrei os desenhos a um publicitário. Ele foi muito importante nessa jornada. Acreditou em mim e me deu uma grande força para retomar o projeto. Comecei a desenhar novamente, e quando estava no décimo quinto anjo senti um impulso repentino de procurar uma pessoa para escrever o texto que acompanharia os anjos.

– 8 –

Eu já tinha, dentro de mim, duas pessoas em mente. Uma delas, uma americana cujo trabalho eu adoro; a outra pessoa era a Patricia Gebrim. Nesses dois anos nos quais havia ficado parada e distanciada dos anjos eu tinha escolhido os dois livros escritos por Patricia como livros de cabeceira. Eu os consultava todas as noites e achava maravilhosa a maneira como ela conseguia descrever sentimentos que consideramos negativos de modo tão doce e sutil, tirando-lhes o peso, tornando-os aceitáveis e leves. A sua maneira de abordar as negatividades que fazem parte de todos nós era tão mágica e libertadora que, após ler, eu pensava: "Ah... eu não sou tão horrível assim..."

Decidi entrar em contato com a Patricia, e pedi a todos os anjinhos que me ajudassem a aceitar que o que acontecesse era o melhor, mesmo que o "melhor" fosse receber um "não" da Patricia. Entrei em contato com ela e ao saber que ela me receberia fiquei tão feliz que mal conseguia me conter. Fui gentilmente recebida no seu consultório e confesso que me surpreendi quando ela aceitou fazer esse trabalho comigo.

E querem saber de um segredinho? Ela nem sabe, mas ela me trouxe de volta para a vida! Ela me curou. Obrigada, Patricia! Com toda certeza você é um anjinho encarnado aqui entre nós. E como a Patricia, todos nós somos anjinhos de carne e osso, só nos basta deixarmos um espacinho para sua luz aparecer e transformar cada dia da nossa vida num milagre!

Este é o convite que faço a cada um de vocês com este trabalho.

Joanna Lunardelli

Prefácio

Por Patricia

Este trabalho surgiu na minha vida de modo surpreendente. Na época eu estava muito atarefada, envolvida com os atendimentos no meu consultório. Muitas pessoas me perguntavam quando eu escreveria mais um livro, e eu simplesmente respondia, "Não sei". A verdade é que eu nunca sei quando ou o que vou escrever. Todas as vezes que escrevi algo em minha vida, existiu uma força que me impulsionou, força sem a qual eu não seria capaz de escrever nada de significativo. Assim, enquanto a inspiração não vinha eu prosseguia com minhas atividades habituais.

Certo dia, em 2006, fui procurada pela Joanna, uma voz desconhecida ao telefone que timidamente pediu que eu a recebesse para que ela me mostrasse alguns de seus desenhos. Apesar da agitação do meu dia-a-dia, algo em mim fez com que eu abrisse espaço na minha agenda para recebê-la. Foi assim que fui apresentada a essas maravilhosas imagens, lindamente captadas e generosamente desenhadas por Joanna em cada uma das cartas deste baralho. Confesso que fui profundamente tocada por essas imagens por causa da delicadeza, da profundidade e da beleza delas.

Frente à emoção que senti, imediatamente eu soube que precisava escrever o texto que as acompanharia. Mais do que lindos desenhos, à medida que fui mergulhando em cada um deles, percebi que aquelas imagens possuíam "vida" própria. Eu sentia cada carta, sua pulsação, sua energia, sua mensagem. Era como se, ao me sintonizar com cada imagem, eu fosse abrindo passagens secretas que me conduziam a um jardim interior, de onde fluía toda a informação de que eu precisava para escrever este livro.

Cada figura alada representada nestas cartas possui o seu próprio poder de cura. Esse poder é real, e se você se abrir poderá senti-lo ao seu redor, envolvendo suavemente o seu ser com aceitação e consciência. Logo, ao manipular estas cartas, tenha a consciência de que, mais do que meras cartas de baralho, você terá algo vivo pulsando em suas mãos e estará em contato com uma energia sutil e angelical.

Eu penso nos anjos como energias organizadoras, que nos inspiram a reencontrar um estado de harmonia, que nos ajudam a atravessar as distorções e nos sintonizar com o plano divino.

Muitas pessoas já me perguntaram se os anjos estão "dentro" ou "fora" de nós. Na verdade, **penso nessa separação como absolutamente ilusória.** No entanto, prefiro sempre me referir aos anjos, à energia de cura e ao amor como fontes internas, pois se você for capaz de perceber a existência dessa energia dentro de você, com certeza será capaz de conectar-se com a energia angelical Universal que permeia tudo o que existe.

Patricia Gebrim

INTRODUÇÃO

Dentro de cada um de nós existe um espaço sagrado, habitado por forças angelicais, onde tudo flui em sintonia com as leis da vida e da natureza. Imagine esse espaço como sendo um jardim, um lugar silencioso, protegido dos ruídos do dia-a-dia. Um lugar belo, feito da mais plena aceitação e paz.

Não importa o que você tenha passado na sua vida. Não importa o quanto tenha sofrido, ou feito alguém sofrer. Não importa o número de ferimentos, quedas ou cicatrizes, o jardim estará sempre aí, bem no centro do seu ser, aberto, florido, à sua espera, pronto para lhe oferecer o que quer que você esteja precisando. Pronto para ajudar você a curar as suas feridas e recuperar a lembrança luminosa da sua própria essência.

Um jardim, pela sua profunda ligação com o reino angelical, é uma poderosa fonte de cura. Um jardim nunca julga, você já percebeu? Não importa o quanto você tenha se afastado do caminho da sua alma, um jardim vai sempre envolver você em suave aceitação, pronto a lhe oferecer toda a força curativa da sua própria natureza.

Eu gosto de caminhar em silêncio em meio à natureza. Experimente fazer isso algum dia, prestando atenção ao que você sente. Eu lhe garanto que é uma experiência maravilhosa; algo que nunca deveríamos deixar de fazer. Caminhar por um jardim, com a abertura e leveza de uma criança, abre portas mágicas, acredite.

Você está sendo, neste exato momento, convidado para um passeio pelo seu jardim interior. Prepare-se para um encontro com o reino angélico. Prepare-se para ser abençoado e para receber tudo o que o seu jardim tem para lhe oferecer.

CONSAGRAÇÃO DO BARALHO

Estas cartas foram criadas, literalmente, em conjunto com os anjos. Embora eu estivesse disposta a desenhá-los, enquanto eu não pusesse em prática a energia que cada anjo trazia, eu não conseguia captar sua imagem. Os anjos só se mostravam para mim quando eu sustentava a sua energia em minha vida pessoal. Alguns deles só apareceram depois de um bom tempo de "treino".

Foi um processo espiritual dotado de extrema beleza.

Eu não sei desenhar corpos humanos, acreditem. Mas percebi que quando era inspirada a desenhar um anjo, tornava-me capaz de realizar os desenhos com uma surpreendente facilidade. Por isso, quando termino um desenho, eu sempre agradeço pelo fato de ter sido um canal para que aquela energia se manifestasse.

Ao lado de minha mesa de desenho tenho um altar, montado a partir da orientação dos anjos, ao qual sempre me direciono. Frente a esse altar eu oro e peço a Deus, aos anjos e ao amor divino, que acompanhem os desenhos em qualquer lar aonde eles cheguem e que tragam para a vida das pessoas aquilo de que elas mais precisam.

As cartas funcionam melhor quando manuseadas com auxílio da intuição. Ao conectar-se com cada imagem, você estará recebendo diretamente a energia e a mensagem dos anjos, impulsionando você a seguir o seu caminho em direção à felicidade e plena realização aqui na Terra.

Joanna Lunardelli

Consagrar é "tornar sagrado". Assim, antes de utilizar o seu baralho você precisa torná-lo sagrado para você mediante a purificação e a energização dele.

Purificação

Você precisa purificar o seu baralho, limpá-lo de todas as energias com as quais ele tenha entrado em contato em seu processo de produção e em toda a trajetória percorrida por ele até chegar às suas mãos.

Logo abaixo você encontrará algumas sugestões sobre modos para purificar as suas cartas. Ressalto, no entanto, que você pode escolher intuitivamente o seu próprio ritual de purificação. É importante que você compreenda que um ritual, mais do que uma seqüência de atos mágicos, é um exercício de poder pessoal e se torna poderoso na medida em que é impregnado com a intenção que brota do seu coração.

Para purificar as suas cartas você pode retirá-las da embalagem e abri-las sobre a grama de um jardim ou um lugar na natureza, deixando-as expostas a esse lugar natural durante vinte minutos. Ao dispô-las sobre a grama ou sobre a terra, imagine que todas as energias que tenham sido absorvidas por suas cartas se dissolvem e se desprendem do baralho, penetrando na terra, deixando o baralho totalmente livre de qualquer tipo de interferência ou impureza.

Caso não tenha acesso a um jardim, você pode fazer a mesma coisa colocando-o sob um cristal ou drusa, imaginando a mesma intenção de purificação. Os cristais são elementos da terra, capazes de absorver as energias do seu baralho, tornando-o livre de impurezas e interferências energéticas.

Você pode ainda dispor suas cartas sob o Sol da manhã, por vinte minutos, imaginando que os raios dourados do Sol dispersarão quaisquer impurezas que tenham sido absorvidas pelas cartas.

Feito isso, o seu baralho estará purificado e pronto para receber a sua energia.

Energização

Ao fazer a energização, você irá transferir a essas cartas a sua energia pessoal e as suas intenções mais profundas.

Para energizar as suas cartas, segure-as em suas mãos, na altura do coração, e acalme os seus pensamentos. Conecte-se com o centro cardíaco, bem no centro do seu peito. Imagine uma linda luz rosa pulsando juntamente com as batidas do seu coração. Então, formule uma intenção na sua mente.

Qual é a sua intenção no uso desse baralho?

Um exemplo. Peça ao seu Eu Superior que esteja sempre ao seu lado todas as vezes que você for utilizar o seu baralho. Peça que a luz se manifeste em sua mente, trazendo-lhe intuição, clareza e sabedoria. Peça que as energias angelicais estejam sempre presentes, guiando e inspirando você. Peça que o seu coração esteja aberto.

Com essas intenções em mente, despeje-as sobre as cartas, soprando sobre o seu baralho e visualizando essa luz rosa sendo levada, junto com o ar soprado, a cada uma das cartas.

Feito isso, o seu baralho está pronto para ser utilizado.

Pense no seu baralho como você pensa num ser que tem vida própria. Assim, todas as vezes que outras pessoas utilizarem o seu baralho, ou quando você se sentir desconectado dele, refaça a purificação e a energização, mantendo-o vivo e conectado às energias angelicais que o animam. Siga a sua intuição.

UTILIZAÇÃO DO BARALHO

Para utilizar este baralho, não existem regras rígidas. Você pode seguir a sua própria intuição. No entanto, vou sugerir um modo que veio a mim no processo de escrever este texto.

Procure um lugar tranqüilo onde possa fazer esta sintonização sem ser interrompido. Sente-se confortavelmente, tome o baralho em suas mãos por um instante, feche os olhos e procure sentir a vibração dele. Conecte-se com as cartas e com a energia angelical contida em cada uma delas. Permaneça com o baralho nas mãos e faça a visualização descrita a seguir.

Imagine que você esteja se afastando dos ruídos do dia-a-dia, dos problemas, das dúvidas, das confusões. Vá deixando tudo isso para trás e entrando no seu jardim sagrado. Imagine-o da maneira que quiser, desde que seja um lugar onde você se sinta bem, acolhido e em paz. Sinta a vegetação sob os seus pés, os aromas... Esse é o seu jardim!

Então, escolha um lugar para se sentar, o lugar que lhe parecer mais confortável e acolhedor. Esse será o lugar onde você receberá as energias angelicais curativas do seu jardim. Elas virão a você na forma dos belos seres alados, representados nas cartas que você tem em mãos.

Sentado no seu jardim, você poderá agora simplesmente tirar uma carta do baralho, ou pode fazer uma pergunta, e pedir que uma resposta venha a você. Respire fundo, solte bem o ar, e só então retire uma carta do baralho. Abra os olhos por um momento, e mergulhe na imagem dessa carta. Deixe-se ser envolvido por ela. Nesse momento, imagine que você esteja recebendo a visita desse maravilhoso ser alado, bem no coração do seu jardim. Procure manter-se aberto para quaisquer impressões ou sensações. Tenha a consciência de que existe uma força da natureza, uma força angelical, vindo a você nesse exato momento. Receba-a amorosamente no centro do seu ser. Sinta isso por um tempo, leve para dentro, absorvendo-a; não tenha pressa.

Quando sentir que conseguiu absorver o que a imagem tinha para lhe transmitir, agradeça a essa força angelical, ao seu jardim, e volte a se perceber sentado, com o seu baralho nas mãos. Só então busque no livro o texto relacionado à carta que você retirou do baralho, que tem por objetivo ampliar a sua consciência sobre o que está sendo oferecido a você.

Todas as vezes que for tirar uma carta, volte a imaginar-se nesse mesmo lugar do seu jardim. Isso reforçará a sua conexão com esse lugar de cura e com o tempo o colocará, cada vez mais, em contato com essa força natural que existe ao seu redor e dentro de você.

VISUALIZAÇÕES DE CURA

Para cada carta do seu baralho você encontrará a sugestão de uma visualização de cura.

Existem dois modos pelos quais você pode praticar uma visualização:

A primeira, que vou chamar de visualização por imagem, ocorre quando você imagina as cenas como se você as estivesse vendo projetadas numa tela. Por exemplo, você pode ver a si mesmo cavalgando, como se estivesse assistindo a um filme.

O outro modo, que chamarei de visualização participativa, é quando você se imagina inserido na cena. Usando o exemplo anterior, você não apenas se vê, mas também "se sente" cavalgando. Sente o cheiro do suor do cavalo, sente os impactos das patas do cavalo no solo, sente o calor que emana do animal, sente a brisa bagunçando seus cabelos. Esse modo é muito mais eficaz do que o anterior e é o que sugiro para as visualizações de cura descritas neste livro. Quanto mais vívida e sensorial for a sua visualização, maior será o seu poder de cura e transformação.

O nosso inconsciente, bem como o nosso Eu Superior, se comunicam melhor conosco quando usamos imagens, e não frases ou palavras. A imaginação é a verdadeira linguagem do inconsciente e a maneira mais poderosa que temos para falar com o nosso Eu mais profundo. Quando imaginamos algo, nos tornamos capazes de plantar e colher idéias na nossa mente.

Pense nessas visualizações como um modo de ancorar na sua mente a energia de cada carta e de invocar a sua energia angelical de cura. Você pode ler a visualização aos poucos, seguindo-a parte por parte. Pode também pedir que alguém a leia para você enquanto você mantém seus olhos fechados ou gravar a sua voz de modo pausado e depois ouvir a gravação enquanto visualiza. Quanto mais vezes você repetir o exercício, mais forte será o seu poder transformador.

1. ABUNDÂNCIA

Assim como uma flor desabrocha, o vento sopra e as árvores crescem, do mesmo modo podemos, de um momento para outro, entrar em sintonia com a vida. Quando isso acontece, a abundância se torna natural.

Abundância

Quando nos reconectamos com a nossa verdadeira natureza, abrimos portas mágicas para que toda a abundância do Universo se derrame amorosamente sobre a nossa vida. Nenhum esforço é necessário para que isso aconteça... nenhum esforço.

Você e toda a riqueza do Universo simplesmente se tornam um.

Algumas pessoas sentem dificuldade em vivenciar prosperidade na vida e não sabem por que isso acontece. Muitas vezes, por mais que se esforcem, não conseguem atingir os resultados que gostariam de obter.

Preste atenção: para manifestar a prosperidade você precisa voltar a se sentir parte do Universo. Essa é uma chave que você deve usar.

A sua sensação de abandono e separação é o que o mantém aprisionado numa vida limitada, muito aquém das suas reais possibilidades. É a sua reconexão com a sua essência divina que permite que a abundância do Universo se manifeste em todas as áreas da sua vida, como uma cachoeira dourada de luz e prosperidade.

Abundância não significa ter "muito" de algo, e sim ter "tudo" de que você precisa para ser verdadeiramente feliz. Inclui relacionamentos, amizades, trabalhos, alegria, oportunidades e também energia material que lhe permita uma vida plena.

Todas as pessoas podem viver de modo próspero e feliz.

Esta carta veio dizer a você, hoje, que a abundância divina é uma possibilidade neste exato momento de sua vida. Pare de desperdiçar a sua energia com medos, reclamações ou dúvidas. Não importa qual seja a sua situação neste momento, confie. A abundância do Universo está fluindo como uma onda dourada em sua direção, trazendo com ela tudo de que você precisa neste momento. As suas necessidades serão supridas. Feche os olhos, sinta-as e abra-se para toda a beleza e riqueza que em breve chegarão até você.

Abundância — Visualização de cura

Veja a si mesmo entrando numa linda caverna, toda iluminada por tochas acesas que emanam uma bela luz avermelhada. Essa caverna guarda o que você tem de mais precioso, guarda todo o seu tesouro. Vá visualizando o mais belo e rico tesouro... pedras preciosas em baús dourados... lindos mantos cravejados de diamantes... jóias... obras de arte... Vá caminhando entre essas maravilhas e percebendo que isso tudo é seu! Então, você encontra a mais maravilhosa de todas as surpresas, uma enorme cachoeira de águas douradas que escorre suavemente, como ouro líquido. Entre sob essa cachoeira dourada e sinta-se envolvido pela sensação dessa água maravilhosa escorrendo pelo seu corpo. Deixe que essa cachoeira dourada dissolva em você todas as crenças negativas que você possa ter em relação à prosperidade na sua vida. Deixe ir embora qualquer sentimento de culpa ou de não-merecimento. Tudo isso está aí para você. Quando achar que for suficiente, saia da cachoeira e vista um maravilhoso manto dourado, macio e confortável. Escolha colares, pulseiras, anéis, o que quiser. Permita-se a alegria de receber toda a riqueza que o Universo está disponibilizando para você.

2. ALEGRIA

Alegria

A alegria sempre brota do nosso coração quando recuperamos a nossa inocência e leveza naturais. Quando nos sentimos novamente puros, como crianças, o riso vem, como se fosse a música de nossa alma celebrando uma vida de descobertas.

A alegria verdadeira não requer nada externo. Ela simplesmente flui de dentro de nós, como a água pura e intocada que brota da nascente, generosamente oferecida pela Terra. A alegria é o presente mágico que nos ajuda a recuperar a leveza, a fluidez e a saúde na nossa vida. Rir, como se diz popularmente, é um dos melhores remédios!

Se você quer de volta a sua alegria, não procure ao seu redor. Ela está e sempre estará dentro de você, brotando ininterruptamente, pura e cristalina, como quando você era criança e rir era algo fácil e natural.

Pare a leitura por um momento e olhe ao redor como se tivesse acabado de chegar a este mundo. Olhe com os olhos da criança que existe em você e permita-se ser tocado pela beleza que existe em tudo. Perceba a riqueza das cores, a diversidade dos sons. Perceba o milagre que existe em tudo o que rodeia você neste exato momento. Perceba o quanto é maravilhoso o simples fato de você estar vivo neste momento.

Esta carta veio para lhe dizer que chegou o momento de secar as lágrimas e abandonar o peso que você vem carregando pela vida. Deixe cair de suas costas o excesso de responsabilidade, a tensão, as preocupações da vida adulta. Deixe cair por terra as armaduras que você vem usando para se proteger.

Enquanto você está lendo esta mensagem, existem energias angelicais assumindo o compromisso de proteger você, libertando-o, para que você possa se reconectar com a pureza da sua criança. Todo o Universo está vibrando alegria na sua direção. Talvez você sinta cócegas... quem sabe? Tente, neste momento, simplesmente brincar com essa idéia, como uma criança faria, e abra a porta do seu coração para que toda essa alegria inunde a sua vida com riso, magia e encantamento.

Alegria — Visualização de cura

Imagine que você seja uma pequena estrela de luz, chegando a este planeta pela primeira vez. Vá se aproximando do planeta Terra, vendo sua beleza azulada, descobrindo-o. Explore o planeta como uma criança curiosa o exploraria. Aproxime-se de um campo florido. Perceba a presença de uma flor, como se nunca tivesse visto uma antes. Admire a sua beleza, sinta o seu doce aroma, toque cada pétala e preste atenção na sensação aveludada que esse toque produz na sua pele... encante-se. Continue nessa viagem de descobertas e permita-se maravilhar pelo milagre da vida.

Vá descobrindo as árvores, os rios, os pequenos e grandes animais... lembre-se de viver isso como se tudo fosse novo. Fique nessa prática o tempo que quiser e depois perceba o quanto você se sentirá mais cheio de vida e alegria.

3. AMOR DE ALMA

Amor de Alma

Um amor de alma é um encontro humano que possui também uma qualidade divina. Esse tipo de encontro acontece quando surge na nossa vida uma pessoa que, ao olhar nos nossos olhos, é capaz de enxergar a nossa alma. Isso acontece porque ela nos olha amorosamente, através das nossas imperfeições e falhas humanas.

Um encontro dessa natureza nunca acontece por acaso e sempre guarda em si um propósito mais elevado. Essa pessoa veio à sua vida para ajudar você a se lembrar de quem verdadeiramente é. Ao ver o seu próprio brilho refletido nos olhos amorosos do outro, você recupera a memória e se lembra de coisas que só a sua alma era capaz de saber.

Não é difícil perceber quando um amor de alma surge na sua vida, uma vez que ele sempre vem acompanhado de acontecimentos e sinais que parecem mágicos e significativos. Às vezes, temos uma sensação de profunda familiaridade por uma pessoa que acabamos de conhecer. Outras vezes, o encontro é permeado por uma série de coincidências altamente significativas. Quando isso ocorre, intuitivamente sentimos que algo de especial está acontecendo.

Se o amor de alma surgiu hoje para você, isso significa que você está prestes a ter um encontro dessa natureza. Alguém muito especial e capaz de conectar-se com a sua alma está vindo em sua direção. Pode ser um parceiro amoroso, mas mantenha-se aberto, pois um amor de alma pode ser também um amigo. Existem amizades que trazem uma qualidade amorosa capaz de nos ajudar a mudar toda a nossa vida. Sintonize-se energeticamente com esse momento, abra o seu coração e a sua vida para novos encontros e prepare-se para o mais belo.

Amor de alma — Visualização de cura

Imagine-se entrando num templo, o seu templo. Explore esse local, e perceba que existe um círculo desenhado bem no centro desse templo. Sente-se dentro desse circulo e convide o seu amor de alma a unir-se a você. Você sente a sua chegada, mas não consegue visualizar o rosto dele. Tudo o que você vê é um belo e radiante vulto multicolorido. É como se você fosse capaz de ver a sua energia, mas não o seu corpo físico. Sinta que o encontro de vocês está sendo abençoado. Ele se senta em frente a você e começa a emanar uma luz rosa na sua direção. Deixe-se envolver por essa energia amorosa que une vocês dois numa mesma pulsação.

Converse silenciosamente com essa pessoa por meio do seu coração, e diga a ela o quanto você deseja encontrá-la em sua vida e viver um amor profundo e verdadeiro. Diga o que sentir que é importante dizer. Saiba que onde quer que o seu amor de alma estiver, ele ouvirá você.

Quando terminar, despeça-se com um "Até logo" e volte a prestar atenção na sua respiração até sentir vontade de abrir os olhos.

4. AMOR-PRÓPRIO

Amor-Próprio

O amor-próprio está diretamente relacionado à capacidade que temos, ou não, de aceitarmos a nós mesmos como somos, de validarmos e valorizarmos a nossa maneira única de ser.

Quantas vezes traímos e desprezamos a nós mesmos por nos compararmos a outras pessoas ou àquilo que a sociedade define como verdadeiro e belo? Perceba o quanto existe de falta de amor numa traição desse tipo. É como se abríssemos mão de nós mesmos, da nossa vida, da nossa existência.

Entenda que cada um de nós, sendo exatamente como é, expressa todo o brilho e beleza de um vasto universo, cujo valor maior reside na sua infinita diversidade. Observe a natureza. São tantos os tipos de plantas, flores, animais! E todos tão diferentes uns dos outros! E é exatamente isso o que a torna bela. O que seria de uma floresta feita apenas de enormes e rijos carvalhos? Ou onde existissem apenas maravilhosos leões com suas jubas exuberantes?

Se o Amor-próprio veio a você hoje, você está sendo inspirado a praticar uma verdadeira e profunda aceitação da beleza radiante do seu próprio ser. Aceite a si mesmo como uma manifestação única e divina da beleza e da vida. Em todo o Universo, não existe ninguém como você. Pare e pense nisso. Dê a si mesmo o maior amor que for capaz de encontrar no seu coração. Aprenda a manifestar esse amor em todos os níveis que for capaz.

No nível físico, aprenda a amar o seu corpo. Cuide dele com carinho, tenha uma alimentação saudável, pratique uma atividade física, mime-o com deliciosos banhos cheirosos e massagens.

No nível emocional, liberte-se dessa voz interior que fica repetindo o tempo todo que você não é bom, inteligente ou belo o suficiente. Aprenda a reconhecer as suas qualidades e a elogiar a si mesmo. Sente-se em frente a um espelho, olhe nos seus próprios olhos, e envie amor e aceitação.

No nível mental, escolha livros, filmes e lugares que façam você se sentir bem a seu próprio respeito. Aprenda a evitar o que lhe faz mal. Você não precisa ler coisas que façam você se sentir menor, feio ou errado. Você não precisa freqüentar lugares ou grupos onde não seja valorizado como gostaria. Aprenda a escolher o que faz na vida, de acordo com uma visão positiva de si mesmo.

No nível espiritual, sente-se silenciosamente com você mesmo e encontre o divino que habita seu íntimo.

Dê a si mesmo o que de melhor tiver, porque é isso o que você merece. Existe, nesse momento, uma linda musa inspirando você nesse caminho.

Amor-próprio — Visualização de cura

Feche os olhos por um instante e conecte-se com o Sol, com essa radiante esfera dourada. Sinta o seu calor aquecendo o seu corpo, observe os raios solares e imagine que eles se transformam em maravilhosos fios dourados, feitos da mais pura luz. Vá pegando esses fios e com eles teça um manto, um lindo manto dourado, o mais belo que você conseguir visualizar.

Vista esse manto e sinta a energia do Sol envolvendo você. Sinta-se belo, luminoso e radiante. Esse é você!

5. ANJO DA GUARDA

Muitas vezes nos sentimos sozinhos e abandonados, tendo de enfrentar batalhas tão assustadoras que nos fazem querer desistir ou nos esconder embaixo de um cobertor grosso e peludo — como fazíamos quando éramos crianças — e ficar lá, bem quietinhos, até que tudo passe.

Anjo da Guarda

Mais do que nunca, se você estiver passando por um momento como esse, precisa se lembrar de que existe uma força protetora angelical e amorosa querendo ajudar você. Pare o que estiver fazendo por um momento, pare de ler este livro e sinta essa presença ao seu redor, agora mesmo. Sinta a presença do seu anjo da guarda. Não importa o nome que você prefira dar a essa energia, o anjo da guarda é uma presença luminosa capaz de acalmar o seu coração, clarear a sua mente e transmitir a você força e coragem. Permita-se fechar os olhos e simplesmente sentir... ele está aí.

Essa presença, muitas vezes, vem a você como uma sensação de paz que brota suavemente bem no centro do seu peito. Ela se comunica com você por meio da sua intuição, e também de modos mais concretos: livros que chegam a você, pessoas que inesperadamente chegam à sua vida quando você mais precisa e todo tipo de ajuda que se materializa em momentos em que eram absolutamente necessárias.

Se esta carta veio a você hoje, abra-se para perceber essa presença divina. Não importa o quanto você tenha se afastado do plano espiritual, não importa o que tenha dito ou feito na sua vida, esta carta lhe diz que você merece e sempre merecerá receber esta ajuda.

Existe agora mesmo um anjo ao seu lado, oferecendo abertura de visão, confortando o seu coração e emanando em sua direção toda a ajuda de que você precisa para enfrentar este momento de sua vida. Você não está só. Confie que o Universo está lhe enviando tudo de que você vem precisando, por intermédio desse ser angelical. Você está sob a proteção e orientação desse maravilhoso ser, da mais radiante luz. A única coisa que você tem a fazer é abrir mão do medo para que todas as bênçãos que lhe estão sendo enviadas cheguem até você. Não tema.

Anjo da guarda — Visualização de cura

Feche os olhos e visualize a chegada luminosa do seu Anjo da Guarda, um ser alado pleno de amor. Ele se aproxima com suavidade e ternura e você percebe que ele é dotado de uma enorme força espiritual. Permita que esse ser o envolva com suas longas asas brancas e sinta essas asas abraçando você de maneira suave e protetora. Sinta a maciez das asas e a maneira cálida como elas o acolhem e protegem. Permita-se ser confortado e receber esse abraço. Sinta-se em total segurança, envolvido pela luz e pelo amor desse ser. Envolvido por essas asas você se sente no lugar mais seguro do mundo!

Fique nesse abraço até que todo o medo se dissolva e você se sinta em paz. Então, agradeça a esse ser alado e confie que ele continuará ao seu lado, amparando você nos dias que virão.

6. BÊNÇÃOS

Se você olhar para o céu num dia chuvoso, talvez não enxergue nada além de nuvens cinza e carregadas. Mas se for capaz de olhar com os olhos da alma, conseguirá perceber a beleza dos raios de Sol que brilham o tempo todo, mesmo quando o seu corpo treme de frio e você se sente abandonado e só.

Lembre-se: mesmo quando você não consegue perceber, existem energias angelicais abençoando cada instante de sua vida. A cada pequeno instante! Não existe um único momento no qual você esteja realmente abandonado ou só.

Assim, abra-se para receber as bênçãos que estão sendo derramadas sobre você. Abra uma clareira de luz na sua mente.

Se os seus pensamentos são negativos e ocupam todo o espaço da sua mente, você acaba não percebendo a luz que está sendo enviada a você. Mas se você for capaz de, mesmo em meio a uma tempestade, criar um espaço em seus pensamentos, em breve essa energia angelical cairá sobre você, como uma perfumada chuva de pétalas, abrandando a ira da tempestade, envolvendo você numa inesperada suavidade.

Esta carta veio para lhe dizer que as mais poderosas bênçãos estão sendo derramadas sobre você agora mesmo. Não há por que sentir-se abandonado. Preste atenção ao que se passa na sua mente e no seu coração e procure não dar atenção às emoções ou aos pensamentos negativos. Foque-se na beleza e na ajuda que estão vindo a você. Você está sendo abençoado agora mesmo. O amor divino está sendo enviado a você, ajudando-o a superar qualquer desafio que você esteja enfrentando!

Bênçãos — Visualização de cura

Imagine-se numa linda clareira, em meio à natureza. Faça um círculo no chão e entre nesse círculo. Permita então que venha à sua mente a lembrança de um momento em que você tenha se sentido feliz. Pode ser um momento de realização, de troca amorosa, de elevação, você saberá. Então vá lembrando de cada detalhe desse momento. Lembre-se da sensação boa que esse momento lhe trouxe no passado e traga-a para dentro desse círculo, para dentro de você. Vá se conectando com essa sensação positiva de felicidade. À medida que faz isso, perceba que o círculo vai ficando iluminado.

Olhe para cima e veja, então, várias borboletas transparentes se aproximarem, atraídas pela sua luz. São energias angelicais vindo em sua direção para abençoá-lo. As borboletas voam sobre você, derramando um fino pó prateado, feito da mais pura luz. À medida que esse pó luminoso o toca, você também vai se tornando leve e transparente como aqueles maravilhosos seres de luz. Você vai se sentindo cada vez mais leve e feliz.

Receba as bênçãos que estão sendo despejadas sobre você e agradeça por elas!

7. COMPLETUDE

Completude

A completude é uma união baseada na parceria entre iguais, e não no modelo de dominação/submissão herdado do sistema patriarcal e que ainda perdura em muitos relacionamentos atuais.

Em termos de relacionamentos, a completude refere-se a um encontro amoroso em que existe um profundo respeito mútuo e a valorização das diferenças. Assim, o masculino se torna consciente da sua força e a oferece, de bom grado, ao feminino na forma de um abraço quente e acolhedor. O feminino, por sua vez, ao se permitir ser abraçado, sente-se seguro para expressar toda a sensibilidade de que é capaz, oferecendo-a também de bom grado ao masculino, na forma de beleza e criatividade.

Lindos frutos surgem dessa união, que quando ocorre traz ao casal uma sensação de bem-estar, acolhimento, confiança e tranqüilidade; um verdadeiro companheirismo que reside além dos arroubos emocionais da paixão. Vivenciar essa união é como chegar finalmente em casa depois de uma caminhada longa e exaustiva. É viver em paz.

Para que a completude aconteça na sua vida é necessário que, em primeiro lugar, você aprenda a equilibrar o masculino e o feminino dentro de você. Quando essas forças interiores estiverem em harmonia, você será capaz de atrair um parceiro afetivo que reflita essa integração e de vivenciar um relacionamento verdadeiramente amoroso e equilibrado.

A completude veio hoje em sua direção para lhe dizer que é chegado o seu momento de vivenciar esse tipo de relacionamento. Neste exato momento existe uma energia sutil circulando ao seu redor, uma linda onda vibratória que irá atuar sobre o masculino e o feminino dentro de você, ajudando-o a integrá-los.

Em breve você vivenciará essa integração também num relacionamento afetivo. Não importa se já existe alguém na sua vida ou não, uma relação de igualdade amorosa e parceria está vindo em sua direção. Acredite e prepare-se!

Completude — Visualização de cura

Feche os olhos por um instante e imagine-se sentado bem no centro da sua própria testa, em quietude. Vá prestando atenção na sua própria respiração e perceba que existem duas janelas à sua frente. A janela da direita começa a se abrir e, quando ela estiver completamente aberta, você será capaz de ter uma boa visão do seu lado masculino. Fique com a primeira imagem que vier. Observe o que existe do outro lado da janela, perceba como você se sente ao olhar para essa visão. Se precisar, aproxime-se do peitoril da janela para observar melhor. Você pode até mesmo pular a janela para dentro do seu lado masculino, se quiser.

Então, volte e comece a prestar atenção na janela da esquerda, que começa agora a se abrir. Quando ela estiver aberta, você será capaz de ter uma visão do seu lado feminino. Preste atenção e perceba como você se sente ao olhar para essa visão. Do mesmo modo, você pode se aproximar e mesmo entrar por essa janela para dentro do seu lado feminino.

Então, volte a se sentar no centro de sua testa e imagine que a divisão entre as janelas não existe mais. Veja os seus lados masculino e feminino unindo-se um ao outro, um transformando o outro, um equilibrando o outro. Sinta que essa integração está acontecendo em você agora mesmo! Ao terminar, volte a prestar atenção na sua respiração e a perceber o seu corpo, até poder abrir os olhos.

8. COMUNHÃO

A comunhão refere-se à nossa capacidade de nos sentirmos "em unidade". Em unidade com as outras pessoas, com outras espécies, com a natureza, com o planeta. Mais do que nunca precisamos resgatar a memória da nossa alma, que sabe que estamos profundamente conectados com todas as formas de vida.

Comunhão

Uma das maneiras de aprendermos sobre a comunhão é por meio dos laços de afeto que desenvolvemos com os nossos animais de estimação. Existe uma pureza e uma simplicidade tão grandes nesse contato que, sem perceber, acabamos nos sentindo em comunhão e abrindo o nosso coração. Por essa razão, para algumas pessoas, principalmente as que se encontram muito feridas ou defendidas, é mais fácil aprender a amar um animal do que um ser humano. Isso acontece porque os animais nos ensinam uma das mais belas formas de amor, o amor incondicional. Um animal não estabelece condições para doar o seu amor, você já pensou nisso?

Assim, abra-se para esse contato. Abra-se para um animal, crie vínculos com ele, trate-o com carinho, aprenda com ele. Você não precisa de palavras para se comunicar com um animal. Você pode comunicar-se pelo olhar, por meio de um toque, de um carinho. E se conseguir se comunicar dessa maneira com um animal, aprenderá a se comunicar melhor com as pessoas também.

Se a carta da comunhão surgiu neste momento da sua vida, você está sendo convidado a experimentar a beleza do relacionamento com um animal, abrir-se para trocas mais amplas, com outras espécies, ou até mesmo com o planeta. Abra o seu coração para essa possibilidade.

Se você um dia teve um animalzinho, e ele já se foi, mantenha-se aberto, mesmo que o seu coração ainda esteja dolorido. Não feche a porta para esse tipo puro de amor. Se você já convive com um animal, preste mais atenção nele, usufrua da sua presença, comungue com ele a dádiva que é a vida. Se nunca viveu esse tipo de experiência, esta carta o está convidando a fazer isso agora.

Existem muitos animalzinhos precisando ser cuidados. Na maior parte das vezes, ao oferecer cuidado e amor, somos nós que acabamos curados. Experimente!

Comunhão — Visualização de cura

Veja a si mesmo caminhando em meio à natureza. Perceba a vida presente ao seu redor, em cada pequeno movimento, na brisa que toca seus cabelos, nas árvores, nos animais. Então, continue a andar, procurando um animal com o qual queira vivenciar a comunhão. Continue caminhando, até que um animal específico chame a sua atenção. Você caminha na direção dele, e ele fica parado, sem medo, sem agressividade, apenas observando a sua aproximação. Sente-se bem pertinho dele e o observe, olhe dentro dos seus olhos... e permita-se, aos poucos, fundir-se com esse animal. Sinta-se sendo esse animal, sinta seus movimentos, sinta a força que o anima. Viva essa experiência, caminhe, corra, nade se ele for aquático, voe se ele tiver asas... Experiencie a liberdade e as qualidades que esse animal tem a lhe ensinar. Abra o seu coração para essa experiência. Então volte a ser você mesmo, e envie ao animal a sua energia de gratidão antes de retornar.

9. CONEXÃO

Conexão

Todos nós, seres humanos, somos, ao mesmo tempo, terrenos e divinos. Um de nossos maiores desafios é conciliar essa natureza dual. Quando unimos esses dois aspectos do nosso ser, a conexão se estabelece: "assim na terra, como no céu".

Isso quer dizer que você precisa aceitar a sua natureza terrena. Precisa aceitar que possui um corpo físico, que vive num mundo material, tantas vezes imperfeito, e que convive com seres humanos tão humanos e imperfeitos quanto você. Precisa aceitar que você, tanto quanto as outras pessoas, possui sentimentos que preferiria não ter: sentimentos como raiva, ciúme, inveja, ódio, medo, mágoa.

Por outro lado, você precisa perceber que, não importa o quanto os seus sentimentos terrenos sejam sombrios, você possui uma essência divina, capaz de manifestar a sua luz em cada gesto, em cada fração de pensamento. Capaz de sentimentos belos e elevados, como o amor, a generosidade, a coragem, a verdade.

Assim como ocorre com a energia elétrica, quando a nossa sombra (negativo) e a nossa luz (positivo) se encontram, uma luz se acende e a conexão acontece.

Se a conexão se apresentou a você hoje, você está sendo chamado a integrar esses dois aspectos do seu ser. Talvez você tenha estado focado demais num deles, negligenciando ou negando o outro. Você está sendo convidado a reconhecer a existência das polaridades em você e a integrá-las por meio da consciência e da aceitação. Aceite... você é capaz tanto de odiar quanto de amar, tanto de agredir quanto de curar, de temer e de enfrentar. ISSO NÃO TORNA VOCÊ MENOS DIVINO!

Aceite e integre essas forças aparentemente opostas e uma luz se acenderá bem no centro do seu ser, conectando você com o verdadeiro caminho de sua alma.

Conexão — Visualização de cura

Feche os olhos e perceba essa luz, uma estrela que pulsa bem no centro do seu corpo, mais ou menos na altura do estômago. Ao percebê-la, imagine que dela saia um facho luminoso que desce pelo seu corpo, penetra na terra e segue descendo, atravessando camadas e camadas de terra, até se unir firmemente ao centro da Terra.

Sinta a sua conexão com a Terra!

Em seguida, volte a perceber a estrela que pulsa no centro do seu corpo e dela visualize um outro facho de luz, desta vez subindo, atravessando o seu corpo, saindo pelo topo da sua cabeça, subindo mais e mais, até se conectar com uma brilhante estrela do firmamento.

Sinta a sua conexão com o céu, com o Universo, com o divino.

Perceba assim que, ao estabelecer essa conexão, é como se um eixo de luz que une o Céu e a Terra estivesse passando por você. Sinta esse eixo o mais intensamente que for capaz e inunde-se dessa luz feita da mais pura paz. Você está seguro e em paz.

10. CONSCIÊNCIA

Consciência

Quando possuímos um alto nível de consciência, deixamos de simplesmente "reagir" aos acontecimentos da vida e passamos a "agir" como seres que percebem a si mesmos e são capazes de fazer escolhas.

Ao longo da nossa vida interagimos com todos os tipos de pessoas e, muitas vezes, somos confrontados por elas. Às vezes, pessoas que estão num nível vibracional mais denso surgem no nosso caminho. Essas pessoas podem tornar-se críticas, injustas, agressivas, invejosas, maldosas. Se não tivermos um alto nível de consciência, tenderemos a "reagir" a isso com base nas nossas programações infantis, muitas vezes entrando no mesmo campo vibracional denso dessas pessoas, o que acaba nos trazendo uma série de problemas.

A consciência é uma poderosa força que ajuda a nos afastar dos conflitos, a nos conectar com o nosso Eu Superior e a escolhermos como queremos agir, mantendo o nosso campo vibratório nas freqüências da compreensão, do amor e da compaixão. Nessa vibração compreendemos que a pessoa à nossa frente está em meio às suas próprias lições de vida e que não há necessidade de a atacarmos, ou revidarmos. A simples percepção disso nos ajuda a devolver àquela pessoa o que não nos pertence, de maneira pacífica e tranqüila.

Se a carta da consciência surgiu a você hoje, observe ao seu redor e perceba se você está envolvido num conflito com alguma pessoa. Afaste-se um pouco de todos os julgamentos ou verdades que você acredite possuir sobre esse conflito. Perceba as suas reações condicionadas de mágoa, raiva ou ressentimento. Se achar necessário, procure um lugar na natureza onde possa se reconectar com seu Eu Superior e receber a onda de consciência que está sendo enviada a você. Vá a um parque, caminhe, corra, aquiete-se, cale a sua mente. Confie que você encontrará um modo de resolver esse conflito que será o mais satisfatório possível. Os anjos estarão bem pertinho de você, sussurrando em seus ouvidos palavras de paz, sabedoria e direcionamento. Você pode escolher como lidar com essa situação! Pare de "reagir" e escolha "agir", a partir do amor e da consciência que existem em você.

Consciência — Visualização de cura

Feche os olhos e acalme a sua mente. Veja-se andando por uma cidade caótica, com muito trânsito, ruídos, pessoas correndo de cá para lá. Perceba como você se sente ao estar num lugar assim. Então, vá aos poucos caminhando em direção a uma alta montanha. Vá se afastando da cidade, dos ruídos, caminhando em meio à vegetação na direção do topo da montanha. Os sons vão ficando cada vez mais para trás, até que você já não pode ouvi-los. Chegue ao topo dessa montanha onde existe a mais pura paz. Sente-se em quietude e sinta essa paz. Sinta a força da montanha. Sinta o seu corpo como se fosse essa montanha, capaz de permanecer inteira mesmo em meio às tempestades, mudanças de clima e estações. Sinta-se estável e tranqüilo. Então, devagar, desça da montanha. Vá caminhando até a cidade. Veja a si mesmo caminhando na mais perfeita paz, emanando essa paz por onde passa. Nada pode abalar você. Vá vendo a cidade se acalmar à medida que você percebe isso. O trânsito melhora, os sons ficam mais baixos, as pessoas começam a andar lentamente e a se entender melhor. Expanda a sua consciência e permaneça nesse estado o quanto quiser.

11. CORAGEM

Coragem

Muitas vezes, na nossa jornada, a caminhada fica por demais árdua. Existem momentos em que nos vemos vivenciando lições tão profundas, tarefas tão desafiadoras, momentos tão difíceis que nos sentimos abandonados em meio a um deserto. Nós nos sentimos cansados, perdidos, com sede. Solitários.

Em dias assim, muitas vezes duvidamos da nossa capacidade de seguir em frente. Não é incomum que sintamos um forte desejo de desistir de tudo, até mesmo da vida, como se fôssemos incapazes de dar sequer um passo adiante. Todos nos sentimos assim em algum momento da nossa vida, e isso faz parte de nosso processo de crescimento e amadurecimento enquanto seres não só físicos, mas também espirituais.

Mas acredite, é exatamente nesses momentos de dor e provação que nos tornamos subitamente capazes de sentir o sopro divino sobre a nossa cabeça aflita, sobre o nosso corpo ferido. Pois mesmo quando tudo ao nosso redor parece estar contra nós, existe um mundo espiritual pleno de amor permeando cada etapa da nossa jornada, pronto a nos acolher em seus braços, a curar as nossas feridas e aliviar a nossa dor.

Mesmo em meio a um deserto, existem forças invisíveis prontas a nos oferecer um cálice sagrado da mais pura água, a nos alimentar com os mais doces frutos, a nos oferecer força, coragem e calor para que possamos prosseguir na nossa jornada. No entanto, a nós compete nos abrir para essa ajuda sutil que vem do mundo superior, não nos perder na revolta, na autopiedade ou na amargura e fortalecer a nossa fé, tanto em nós mesmos como no divino que habita no nosso coração.

Se a coragem veio a você hoje, preste atenção: não importa o que esteja lhe acontecendo neste momento, não desanime! Existe um poderoso arcanjo emanando a mais bela luz agora mesmo em sua direção, enviando-lhe direcionamento, força e coragem para enfrentar a situação que o vem desafiando, ajudando você a resolvê-la da melhor maneira possível. Sinta essa presença e abra-se para que ela possa ajudá-lo. Pare de se preocupar. Você está sob a proteção da luz divina! A resolução de sua situação está próxima, acredite. Persista um pouco mais e confie que tudo vai ficar bem.

Coragem — Visualização de cura

Feche os olhos e veja-se em meio a um deserto. Sinta toda a aridez ao seu redor. Então perceba uma forte luz se aproximando pelo seu lado esquerdo. Veja esse lindo anjo alado vindo na sua direção até que ele flutua acima de você. Ele lhe parece incrivelmente forte. Subitamente, o anjo abre suas grandes asas, e delas brota uma intensa luz branca que se estende em todas as direções. À medida que a luz vai tocando a terra do deserto, uma vegetação fresca e viçosa vai surgindo. E assim, de maneira milagrosa, vão surgindo rios, cachoeiras, árvores frutíferas, flores, lindos animais. Veja a vida ressurgindo ao seu redor, em todas as direções. Beba a água e sacie a sua sede. Coma doces frutos e sacie a sua fome. Brinque com os animaizinhos.

Sinta a proteção e a paz ao seu redor. Agradeça ao anjo e fique nesse paraíso pelo tempo que desejar. Repita esse exercício todos os dias, até que recupere a sua fé e a sua confiança na vida. Milagres estão para acontecer!

12. CRIANÇA INTERIOR

Criança Interior

Dentro de você, agora mesmo, vive uma criança, a criança que você foi um dia.

Você consegue se lembrar dela? Dessa criança que tantas vezes se sentiu amedrontada por coisas que hoje já não o amedrontam mais? Que tinha sonhos, os quais você talvez tenha se esquecido? Que olhava para o mundo com uma pureza comovente e uma alegria contagiante?

Muitas vezes, na medida em que vamos envelhecendo, acabamos nos afastando dessa criança, nos esquecendo de sua voz suave, abandonando-a em algum cantinho esquecido do nosso coração. Outras vezes, para nos adaptarmos às infindáveis solicitações da vida moderna, assumimos que a criança nos deixa vulneráveis demais, e a encarceramos atrás de grades fortes e frias, tornando-nos rígidos e duros, muitas vezes surdos ao choro motivado pelo sentimento de abandono que vem de dentro de nós.

Mas uma coisa é verdade. Nunca seremos plenamente felizes se não resgatarmos a nossa criança. Não importa onde ela esteja, precisamos mergulhar dentro de nós mesmos e tomá-la em nossos braços. Precisamos cuidar dessa criança com todo o amor de que formos capazes e trazê-la de volta para a nossa vida, para que, com ela, recuperemos a leveza, a pureza, a capacidade de acreditar, criar, brincar e crescer. A vida sem essa criança torna-se como um jardim ressecado e estéril. Falta vida. Falta alegria. Faltam sonhos. Falta amor.

Se você recebeu a carta da criança interior, isso significa que a criança dentro de você está pronta para ser libertada. Uma nova vida, com mais cores e alegria, está se tornando disponível a você agora mesmo, se você concordar em resgatá-la. Pare de levar tudo tão a sério, pare de lutar com a vida por um momento e concentre-se em cuidar da criança que existe em você. Ouça mais seus sentimentos, não seja tão racional. Acolha o que quer que esteja sentindo, sem críticas. Faça silêncio em sua mente para que você possa ouvir a voz da sua criança. Descubra quais são as suas necessidades reais neste momento e respeite-as. Talvez você precise diminuir o ritmo de trabalho, talvez precise repensar suas obrigações, permitir-se férias em meio à natureza. Talvez precise de um sorvete de chocolate, ou talvez ande comendo chocolate demais e precise de limites mais claros. Ouça a sua criança, tome-a em seus braços. Ajude-a. Ela precisa de você!

Criança interior — Visualização de cura

Veja a si mesmo caminhando pelo seu jardim pessoal, um lugar que é só seu. Vá caminhando em direção a uma bela árvore. Ao chegar perto, você vê uma criança sentadinha ao lado da árvore... é a sua criança, a criança que você foi um dia.

Vá se aproximando devagar, mansamente. Quando chegar pertinho, abaixe-se para ficar mais perto dela. Diga a ela que você veio buscá-la para ficar com você, diga que quer amá-la e protegê-la. Abrace-a suavemente, sinta seus bracinhos envolvendo o seu pescoço. Diga o quanto ela é querida e especial para você. Então leve-a na direção de um lindo lago de cor verde-esmeralda. Ao seu redor, em vez de pedrinhas existem as mais lindas pedras preciosas. Entrem juntos nesse lago e brinquem pelo tempo que quiserem. Depois, traga essa criança para dentro do seu coração, para que ela esteja sempre com você.

13. CURA

A cura é sempre uma possibilidade e acontece quando retornamos ao nosso estado natural. Quando estamos em sintonia com a nossa alma, só existe saúde, harmonia, bem-estar, alegria, amor. Isso é o que verdadeiramente somos.

A doença, seja física, emocional, mental ou espiritual, acontece para sinalizar algo importante, para nos

Cura

dizer que estamos nos afastando de nós mesmos, da nossa essência, da luz que é a nossa verdadeira natureza. Assim, não importa o que esteja acontecendo na sua vida, lembre-se de que você pode curar qualquer situação ao restabelecer contato com a divindade que existe em você.

Você é divino. Sendo assim, é capaz de operar verdadeiros milagres.

Não importa o quanto tenha se esquecido disso, ao resgatar o seu elo com o seu curador interior, você se torna capaz de perdoar, de amar e de curar o que quer que seja. Você pode curar as situações disfuncionais em sua vida, seus relacionamentos e os pensamentos e as emoções distorcidas que tanto o tem feito sofrer. Pode até mesmo curar o seu corpo físico, restabelecendo o estado natural de saúde que reflete a sua verdadeira natureza.

Se a carta da cura está se manifestando na sua vida neste momento, é muito importante que você acredite na sua capacidade de operar milagres. Existem forças superiores enviando uma luz divina de cura na sua direção agora mesmo. Abra-se para absorver essa ajuda divina e sinta a presença dela ao seu redor. O seu campo energético está sendo abençoado e fortalecido, os tecidos do seu corpo físico estão sendo equilibrados e restaurados em sua vitalidade, as suas emoções estão sendo purificadas e os seus pensamentos estão sendo positivamente influenciados a refletirem a harmonia divina.

O milagre da cura está se manifestando agora mesmo. Lembre-se de quem você verdadeiramente é e permita-se ser ajudado.

Cura — Visualização de cura

Imagine-se entrando no seu templo, sendo recebido pelo curador interior que mora em você. Ao lado de seu curador existem as mais belas energias angelicais que o auxiliarão na sua cura. Essas energias giram e pulsam na forma de espirais luminosas; as cores, que são lindas, vão se alternando.

O seu curador pede que você se deite num tapete feito com folhas e flores macias e cheirosas, estende as mãos na sua direção, e de suas mãos brotam pequenas espirais luminosas que começam a percorrer todo o seu corpo, aspirando para fora dele tudo o que esteja lhe causando desequilíbrio. As espirais de luz, em sintonia com as espirais angelicais que estão também ao seu redor, vão tocando cada célula do seu corpo, dissolvendo os bloqueios, restaurando o equilíbrio e a harmonia. Ao mesmo tempo, suas emoções vão sendo purificadas e o mesmo acontece com os seus pensamentos. É como se um milagre se operasse em você! Depois que as espirais tiverem percorrido todo o seu corpo, da cabeça aos pés, o seu curador começa a emanar na sua direção uma luz dourada que, como um pequeno raio de Sol, vai aquecendo o seu corpo e fazendo com que você se sinta cheio de vida. Sinta essa vida pulsando em você. Agradeça ao seu curador e às energias que auxiliaram nesse trabalho.

14. CURA PLANETÁRIA

Cura Planetária

James Lovelock, um conceituado cientista britânico, formulou uma teoria sobre a Terra, chamada Teoria de Gaia. Segundo essa teoria, a Terra seria um organismo vivo capaz de regular as suas próprias funções, como o organismo humano. No entanto, ele afirma que devido aos estragos feitos pelo homem, Gaia está muito doente. O aquecimento global é, segundo ele, um dos fatores mais destrutivos à saúde da Terra.

Eu acho tocante pensar na Terra como um ser vivo, Gaia. Pensar que, como qualquer outra forma de vida, Gaia necessita do nosso respeito, cuidado e proteção. Pare a leitura e tente sentir isso por um momento. Sentir a vida de cada floresta, de cada rio, de cada espécie. Sentir a vida em cada pulsação do solo, em cada corrente marítima, em cada sopro de ar. Sentir a vida deste planeta azul que tem nos acolhido por milhares e milhares de anos. Sentir-se parte do planeta, em comunhão.

Ao nos sentir em comunhão com o planeta, nos tornamos mais responsáveis e amorosos e coletivamente ativamos uma poderosa energia, que gera atitudes ecologicamente viáveis para a preservação da vida do planeta.

Se esta carta se manifestou na sua vida, você está sendo convidado a participar mais ativamente da cura planetária. Talvez você possua instrumentos importantes e possa ajudar mais do que se dá conta. Envolva-se. Procure saber mais, divulgue conhecimentos, participe de movimentos. Encontre a sua maneira de enviar o seu amor a Gaia. Medite e envolva o planeta com a sua energia amorosa. Por alguma razão, a sua ajuda está sendo solicitada. Os Devas planetários, energias angelicais que cuidam da Terra, o inspirarão nos próximos dias. Gaia precisa de você!

Cura planetária — Visualização de cura

Visualize um pequeno ponto azul e luminoso flutuando à sua frente, na altura do seu peito. Veja esse ponto se expandir até que você o perceba como o planeta Terra, flutuando bem à sua frente. Observe a sua beleza, a sua cor azulada, o seu contorno, até que você comece a sentir amor pelo planeta. Comece então a imaginar um raio verde de cura saindo de dentro do seu coração e envolvendo todo o planeta. Envie o seu amor ao planeta e vá visualizando a cura planetária. Veja as florestas se recuperando, os rios correndo com águas limpas e cristalinas, animais voltando para os seus hábitats, os homens se unindo para o bem de Gaia. Veja a Terra voltando a ser um ser vivo saudável e belo, envolto por uma atmosfera de respeito e paz.

Veja em todo o mundo muitas pessoas emanando essa luz na direção do planeta, criando uma rede de ajuda mútua e cura. Permaneça nesse exercício pelo tempo que quiser e sinta-se rodeado de seres que estarão amplificando a sua energia em favor do planeta Terra e de todo o Universo.

15. DESAPEGO

Desapego

Desapegar-se é deixar ir. Para que sejamos capazes disso, precisamos confiar na vida e na existência de uma força maior que nos ampara e direciona sempre que necessário.

Preste atenção na sua respiração por um momento. Lentamente inspire e expire. Agora inspire... e tente inspirar mais sem soltar o ar... e inspirar mais... e mais... Perceba que chega um momento em que você precisa esvaziar os pulmões para que mais ar possa entrar. Só quando você solta o velho ar é que um novo sopro consegue entrar.

Quando você está conectado com a sua natureza interior, tudo flui sem esforço. As coisas chegam e partem naturalmente, no tempo certo. Se você tiver de se esforçar muito para manter algo em sua vida, olhe com atenção para isso e avalie se realmente ele precisa estar aí. Pode ser um trabalho, um relacionamento, um hábito, um pensamento... Muitas vezes, por medo, nos agarramos àquilo que precisa partir. Sentimos medo do vazio, medo de não ter outra coisa para colocar naquele lugar. Mas esse não é um bom motivo para termos algo conosco, não é?

O desapego veio lhe dizer que você precisa nortear as suas decisões pelo amor, e não pelo medo. Assim, é muito importante que você compreenda que precisa concordar em deixar que saia da sua vida o que já não faz mais sentido. Isso é o que estou chamando de desapego. Se algo vem deixando você infeliz, provavelmente contém algum aspecto a ser liberado.

Quando você pára de se esforçar, quando simplesmente abre os braços e permite que o velho se vá, você ativa as forças de cura que imediatamente começam a atrair o novo em sua direção. Coisas incríveis acontecem em momentos assim. Oportunidades inesperadas surgem, e você é abençoado com a percepção de uma justiça e uma beleza divinas que atuam o tempo todo em seu favor.

O desapego está convidando você a deixar ir o que vem segurando e a confiar que existe uma força maior pronta a despejar sobre você toda a abundância de um Universo pleno de sabedoria e amor.

Desapego — Visualização de cura

Imagine-se observando um rio que corre tranqüilamente. Esse é o rio da vida e ele o está convidando a seguir com ele.

Você vai entrando na água devagar, sentindo que a temperatura é agradável. Na medida em que vai confiando na água desse rio, você vai tirando todas as suas roupas. Vá se despindo de tudo o que você já não precisa carregar. Sapatos, jóias, relógio.

Então entre e sinta que a água do rio o acolhe amorosamente. Você se sente surpreendentemente seguro e vai entrando mais e mais fundo, até que sente o seu corpo boiar. Se sentir algum receio, lembre-se de que existem energias angelicais ajudando você nesse momento. Sinta essas energias mantendo o seu corpo em segurança, na superfície, enquanto a água do rio vai, gentilmente, conduzindo-o.

Deixe a correnteza levar você, seguindo o fluxo do rio. Aproveite para observar a bela paisagem, as nuvens lá no céu, as copas verdes das árvores, as borboletas que sobrevoam o rio. O rio vai levando você, às vezes mais rápido, às vezes devagar, sem que você tenha de fazer nenhum esforço. Você vivencia o prazer de ser conduzido pelo rio da vida, até que o rio o deposita suavemente em meio a um lindo campo de lavandas. A cor das flores é linda. Absorva as energias de cura das lavandas, absorva a sua cor e agradeça à vida por tê-lo conduzido a esse lugar.

16. ENTREGA

Para que um verdadeiro amor tenha a oportunidade de se manifestar na nossa vida, é necessário que sejamos capazes de uma entrega profunda e verdadeira.

Entrega

Muitas vezes, os nossos relacionamentos se mantêm em níveis superficiais, causando no nosso centro cardíaco uma sensação de opressão, peso e desconforto. Você já sentiu isso? Já sentiu no seu peito a dor da distância, a dor do não? A falta de intimidade? Quando isso acontece, é comum que responsabilizemos o nosso parceiro, exigindo mais e mais, deixando de perceber o quanto somos NÓS que estamos bloqueando o fluxo da energia amorosa para níveis mais profundos.

Isso acontece porque temos medo de amar. Temos medo de amar e sermos feridos; temos medo de confiar e sermos traídos; temos medo de contar com alguém na nossa vida e depois sermos privados dessa pessoa. Temos medo de nos entregar.

Tanto medo é fruto da nossa mente, que tem uma necessidade compulsiva de ter controle sobre tudo o que nos acontece.

Para se entregar, você vai precisar atravessar essa confusa correnteza de medos e pensamentos e arriscar um mergulho profundo na tranqüilidade suave do seu próprio coração. Entenda que você nunca terá garantias de que jamais será abandonado ou traído. Você nem mesmo saberá se será amado de volta. E ainda assim, precisará se entregar ao amor, para que o amor que existe em você se manifeste também ao seu redor.

Se a entrega surgiu a você hoje, perceba o quanto você tem resistido a entregar-se ao amor. Não importa se já existe ou não alguém na sua vida, neste momento você está recebendo ajuda angelical para dar esse importante passo na direção do amor. Abra as portas do seu coração, deixe de lado as defesas, controle os seus pensamentos e permita-se arriscar um salto bem no meio desse lago feito do mais puro amor. As águas realizarão a cura, acredite.

Entrega — Visualização de cura

Feche os olhos e imagine que o seu coração seja um lindo lago, de águas tranqüilas e convidativas. Tire todas as suas roupas, como se cada peça de roupa fosse um pensamento, um medo, uma defesa. Vá se despindo disso tudo, até sentir-se apenas você mesmo. Entre no lago e sinta-se envolvido pelo mais puro amor. Sinta-se aceito e acolhido pelo lago. Bóie na superfície da água, como se a água o sustentasse de modo suave e amoroso. Deixe que a energia amorosa desse lago cure o seu corpo, os seus pensamentos, as suas feridas. Deixe que esse lago liberte você de todas as experiências passadas. Sinta-se envolvido pelo mais puro amor. Traga essa energia amorosa para dentro de cada célula do seu corpo.

Permaneça nesse banho de cura pelo tempo que precisar.

17. EQUILÍBRIO

Muitas pessoas acreditam que para se equilibrar precisam antes equilibrar tudo o que se passa ao seu redor.

Perceba o quanto você se sente cansado quando tenta lutar contra a vida, quando tenta controlar pessoas e situações. Você faz isso na tentativa de manter as coisas em ordem para que você não sofra, para que finalmente se sinta em paz. Perceba o quanto de energia você tem desperdiçado nisso e aceite: a vida não pode ser controlada!

Se você quer encontrar o verdadeiro equilíbrio, precisa parar de lutar. Precisa aceitar, por um momento, o caos ao seu redor. Isso não significa uma atitude de passividade. Não significa concordar ou gostar do caos, e sim entender que, neste momento, essa é a realidade com a qual você precisa aprender a lidar.

Você para de lutar quando consegue se afastar por um instante desse mundo externo feito de saliências e solavancos e mergulha suavemente em direção ao centro silencioso do seu próprio ser. Você pode fazer isso reservando alguns minutos do seu dia para meditar, por exemplo. Para contemplar, de dentro de você, o que está acontecendo na sua vida. Para observar.

Na quietude do seu próprio ser, nesse espaço de paz, você poderá reencontrar o verdadeiro equilíbrio, sendo então capaz de lidar até mesmo com as questões mais desafiadoras com sabedoria e sem se perder de si próprio.

Se o equilíbrio veio a você hoje, isso significa que você precisa lidar de maneira diferente com os desafios que está enfrentando. Você tem se desgastado demais, lutado demais. Você tem resistido e tentado controlar a vida a qualquer custo. Acredite, existe um caminho mais suave, no qual não precisa se esforçar tanto, pois será conduzido por uma energia superior de volta ao luminoso caminho de sua alma.

Desarme-se, abra os braços, entregue os controles e permita-se flluir confiante com a correnteza da vida. Procure equilibrar as diferentes áreas de sua vida. Ame, trabalhe, brinque, exercite-se, medite, relaxe... Tudo o que a vida quer é levar você a um lugar de paz. Confie!

Equilíbrio — Visualização de cura

Sente-se por um momento em quietude, feche os olhos, deixe as mãos unidas em concha apoiadas sobre as pernas, com as palmas voltadas para cima. Imagine então que você esteja segurando em suas mãos uma situação que o esteja incomodando, uma situação para a qual você queira trazer a essência do equilíbrio.

Então, sinta uma chama divina brotar de suas mãos. A sensação é de calor, mas não chega a lhe causar nenhum desconforto. Sinta essa chama pulsando, uma linda chama cheia de vida, bem nas palmas de suas mãos. Essa é a chama da purificação.

Permita que essa chama envolva completamente a situação que você quer transformar. Veja a situação sendo dissolvida pelas chamas, até que dela só reste um grande diamante pousado em suas mãos, uma pedra da maior pureza. Leve esse lindo diamante para dentro de seu coração. Ele representa a situação transformada, a essência do equilíbrio recém-conquistado, e continuará vibrando esse equilíbrio dentro de você.

18. FÉ

Fé

As pessoas que têm fé são mais calmas e pacíficas. Elas sabem que tudo flui e confiam nos ritmos da vida. As pessoas que têm fé sabem que a única diferença entre a semente plantada e os frutos colhidos é o tempo. Assim, fazem do tempo um amigo. Essas pessoas sabem esperar com tranquilidade enquanto a natureza opera o milagre da vida.

Quando você se conecta com a fé, torna-se capaz de aceitar o que quer que esteja acontecendo ao seu redor, porque a fé lhe concede a sabedoria que lhe diz que existe um sentido maior e sagrado em cada pequeno movimento de sua vida.

Na vida, bem como na natureza, nada acontece por acaso. A queda de uma folha é um modo de nutrir o solo. Um pássaro que se alimenta de uma flor, a ajuda a reproduzir-se e gerar novas flores. A destruição do casulo é a libertação da borboleta. Aquilo que às vezes parece destrutivo, muitas vezes é um modo de abrir caminho para algo maior, mais amplo, mais livre.

Hoje a fé pousou ao seu lado na linda forma alada representada nesta carta. Ela pede que você confie no que quer que esteja lhe acontecendo agora, que confie neste seu momento de vida. Não importa o quanto as coisas pareçam desordenadas ou fora de controle, a fé lhe pede que você se sente calmamente em meio a esse aparente caos e confie.

Um processo maior está em andamento, algo que você ainda não consegue enxergar. Ainda assim, talvez você possa sentir no seu coração, para além da confusão, que existe um lugar dentro de você onde a vida está, neste exato momento, operando seu milagre.

Fé — Visualização de cura

Feche seus olhos por um instante e visualize um ser luminoso vindo até você, trazendo com ele uma maravilhosa esfera feita de uma luz azul e pulsante. Ele entrega a você essa esfera, que flutua suavemente sobre suas mãos.

Você então começa a soprar para dentro da esfera tudo o que o tem afastado da sua fé. Sopre para dentro da esfera os seus questionamentos, as dúvidas, os medos, as aflições. Sopre para dentro da esfera a parte de você que se sente isolada, separada de tudo e só. Sopre para dentro dessa esfera os seus nãos.

Quando tiver feito isso, entregue novamente a esfera para esse lindo anjo da Fé e o veja se elevando, batendo suas asas, levando com ele a esfera. Ele a leva cada vez mais para o alto, para que os planos superiores encontrem uma maneira de transformar todas essas questões em compreensão, aprendizado e luz.

Veja a esfera azul brilhando lá no alto do céu, entre as estrelas. Confie que a partir deste momento as energias angelicais ajudarão você a lidar de maneira sábia, pacífica e transformadora com essas questões que o tem afligido. A solução para as suas dificuldades já está sendo gestada; a confiança no plano divino será restaurada.

Em breve você recuperará toda a força da sua fé!

19. FLUIDEZ

Fluidez

Fluidez é a nossa capacidade de seguir pela vida de maneira leve e relaxada, em paz com qualquer coisa que nos aconteça.

Sem confiança na vida não há leveza ou fluidez.

Não é difícil descobrir se você está ou não conectado com a fluidez, pois quando isso acontece tudo parece acontecer maravilhosamente na sua vida, sem esforço, como uma folha sendo gentilmente levada de cá para lá pela brisa do entardecer. Nesse estado, oportunidades surgem, caminhos ainda inexplorados de repente se tornam acessíveis, amizades florescem, amores desabrocham; as portas parecem se abrir como que por mágica, e a abundância acontece de modo natural e gracioso, sem que nenhum esforço seja necessário.

Mesmo quando deparamos com obstáculos, descobrimos que somos capazes de contorná-los sem tantas dificuldades, como a água de um rio que contorna as pedras deslizando fluidamente ao seu redor, seguindo naturalmente pelo caminho de menor resistência.

A fluidez está muito associada à leveza, uma qualidade da nossa alma, tantas vezes simbolizada na literatura como uma linda borboleta. Quando reencontramos a leveza, os ventos da vida nos levam de volta para o nosso verdadeiro lugar, um lugar de harmonia e encantamento. Para que isso aconteça, precisamos parar de lutar contra a vida e aprender a confiar, a nos soltar.

A fluidez está soprando sobre você hoje, convidando-o a abrir mão da rigidez e das suas tentativas de controlar a vida. Observe se você não está insistindo teimosamente em seguir por um caminho que está obstruído, deixando de enxergar outras alternativas. Seja mais flexível. Quanto mais você resiste à vida e se opõe a ela, mais você se torna pesado. Solte-se. Entregue-se. Abra mão das preocupações, dos medos e das aflições. Não leve as coisas tão a sério. Existem poderosas energias angelicais ao seu redor neste momento, acelerando a vibração do seu corpo físico e de seus corpos sutis, ajudando você a reencontrar a fluidez.

Fluidez — Visualização de cura

Imagine a si mesmo como se você fosse uma folha que subitamente se desprende da copa de uma linda árvore. No mesmo instante em que isso acontece, você percebe a energia amorosa do ar vindo em sua direção. O ar chega na forma de uma leve brisa, um ser angelical leve, transparente, dotado de asas salpicadas de penas douradas, tão finas que são quase invisíveis.

Sinta-se flutuando, sendo gentilmente conduzido por esse ser, que parece brincar com você. Ele o sopra para lá e para cá, fazendo-o subir, descer, rodar, sempre com cuidado e suavidade. Ele o leva a flutuar lá no alto do céu, entre os mais belos pássaros. Ele o sopra sobre um campo florido entre joaninhas e borboletas. Não ofereça resistência, confie nele e se permita vivenciar a sensação gostosa de ser levado sem esforço por esse ser transparente e fluido, tão leve e gentil, que brinca com você. Deixe-se soprar, sem resistir. Aproveite, divirta-se, dance, rodopie, suba, desça, escorregue em espirais de vento... vivencie a leveza, até que a brisa o traga de volta ao contato com a sua respiração, com você mesmo e com este momento.

20. GRAÇA

Receber uma graça é ser abençoado pelo próprio universo. É receber uma energia sutil e divina que cai sobre você como um bálsamo capaz de curar.

Graça

Esse é um momento tão mágico que todas as vezes que recebemos uma graça recuperamos a memória de nossa própria essência e vemos a nossa luz se acender, brilhante como nunca.

Receber uma graça é um momento sagrado pleno de merecimento. Algo tão sublime assim não acontece sem que exista uma forte relação de causa e efeito. Mais do que uma dádiva, é uma conquista.

A graça é também um sinal de que você tem estado em sintonia com a sua alma. Muitas vezes as nossas escolhas de vida são feitas pelo nosso ego, desconsiderando toda a sabedoria da nossa essência. Quando isso acontece, é fácil nos perdermos por caminhos duros e pedregosos, sem que saibamos exatamente como fomos parar lá.

Mas quando entregamos o nosso poder de escolha para a nossa alma, para a nossa luz, para o amor que vive em nós; quando nos arriscamos a confiar na VIDA, abrimos portas que nos conduzem a um caminho mais suave, onde tudo parece fluir em meio a um estado de abundância e harmonia. Tudo de que precisamos surge, então, quase milagrosamente, ao nosso redor. A isso chamo de "graça".

Se você recebeu a graça hoje, isso significa que você vem fazendo escolhas que estão sintonizadas com a sua alma, e que merece abertura e fluidez no seu caminho. Confie em você mesmo e abra-se para que o Universo derrame sobre você energias de cura, amor e transformação. Seu momento de dor está chegando ao fim, e daqui para a frente um novo e belo caminho se tornará acessível a você. A abundância do Universo se manifestará na sua vida, sem que você precise fazer mais nenhum esforço.

Abra os braços, a graça divina está caindo sobre você!

Graça — Visualização de cura

Feche os olhos e perceba a chegada de um ser alado flutuando sobre você. Sua beleza é indescritível e ele vem envolvido pela mais bela energia dourada. Esse belo ser de luz veio para lhe abençoar e derramar sobre você a Graça Divina.

Gentilmente, ele balança as suas asas e começa a derramar uma suave chuva de penas douradas sobre você.

Você fecha os olhos e sente as penas deslizando levemente em sua direção, trazendo-lhe todas as bênçãos do universo.

As penas que caem formam uma linda estrada dourada à sua frente. Ao olhar para ela, você sente que os caminhos da vida estão abertos e abençoados para você. Siga por essa estrada, sentindo a maciez das penas sob seus pés, conduzindo cada passo de sua caminhada.

Sinta a graça em cada passo de sua caminhada, em cada passo de sua vida. Agradeça. Você está seguro e em paz.

21. GRATIDÃO

A gratidão nada mais é do que o transbordar do nosso coração. Como uma taça que contém um líquido sagrado capaz de curar, a gratidão acontece quando o nosso coração, de tão cheio, transborda.

Gratidão

Podemos sentir gratidão por partes de nós mesmos, por outras pessoas, por outros seres vivos, pelo planeta, pelo Universo. Não importa para onde direcionemos essa energia, com ela segue o nosso amor, razão pela qual o simples ato de agradecer pode operar verdadeiros milagres.

A energia da gratidão é como um bálsamo sagrado capaz de restaurar buracos energéticos que porventura existam na sua aura, no seu campo de energia.

A gratidão faz com que você se sinta bem a respeito de si mesmo, eleva a sua auto-estima e restaura a integridade do seu sistema imunológico. Lembre-se disso sempre que estiver se sentindo enfraquecido.

Em vez de focalizar sua atenção na fraqueza, na doença ou na dor, procure algo pelo qual você possa agradecer. Sempre existem motivos para gratidão na sua vida, não importa as dificuldades que você esteja enfrentando.

O ato de agradecer é um poderoso transformador do seu padrão energético, sendo capaz de restabelecer o seu equilíbrio com uma rapidez incrível.

Se a energia da gratidão veio até você hoje, feche os olhos e agradeça! Cuide para que seus agradecimentos venham do coração, e não da mente. "Sinta" a gratidão em você e deixe que ela transborde em todas as direções. Ao fazer isso, você estará realizando uma poderosa cura na sua vida e abrindo as portas para que a abundância e as bênçãos do Universo se derramem sobre você!

Gratidão — Visualização de cura

Feche os olhos por um momento. Com a ajuda angelical que você está recebendo, visualize o seu próprio coração como se fosse uma taça sagrada. À medida que você se concentra na sua respiração, sinta a energia prateada da gratidão se acumulando dentro dessa taça, aumentando, até que a taça comece a transbordar. Sinta essa linda energia prateada transbordando de seu coração.

Então, agradeça do fundo do seu coração. Você pode agradecer à própria vida, agradecer pela sua saúde, agradecer a alguém especial, às pessoas, ao planeta. Não importa. Conecte-se com algo que seja significativo para você e sinta a energia da gratidão transbordando do seu coração e movendo-se ao seu redor e dentro de você. Sinta a vibração amorosa dessa energia e ofereça-a a todo o Universo.

Neste momento uma verdadeira cura já começou a acontecer.

22. HARMONIA

Muitas vezes, em nossos relacionamentos, nos envolvemos em conflitos que parecem não ter mais
fim. Por mais que nos esforcemos,
as vezes nos sentimos impotentes
e incapazes de mudar algo que nos
tem feito sofrer, bem como aqueles a
quem amamos.

Os conflitos são parte necessária
da vida. Eles nos aprimoram, nos ensinam e nos fazem crescer.

Pense em cada um de nós como sendo uma pedra preciosa,
a mais pura perfeição. Essa é a nossa essência, uma gema brilhante que permanece muitas vezes oculta, como se estivesse
enterrada numa caverna escura escavada nas profundezas do
nosso próprio ser.

No entanto, essa essência muitas vezes encontra-se envolvida por camadas e camadas de terra, que simbolizam tudo
aquilo que precisamos transformar em nós mesmos para que a
luz seja libertada.

Um conflito é o atrito necessário que vai aos poucos elimi-
nando a terra, polindo e purificando o nosso ser, libertando das
sombras as nossas qualidades divinas.

No entanto, quando assumem tamanhos desproporcionais, os conflitos podem congelar o nosso coração e paralisar a nossa alma. Todos nós precisamos de momentos de pausa e harmonia, de momentos de paz no meio de uma batalha para que possamos descansar o nosso corpo e curar as nossas feridas.

Se a harmonia veio a você hoje, você está sendo abençoado por essa energia com o fim de um conflito. A desarmonia chega a um fim. Finalmente você poderá perceber toda a situação em que se encontra a partir de um nível mais elevado de consciência. Sua luz finalmente está liberta. Despeje-a sobre esse conflito, abra mão das defesas, deixe que o amor abra caminho para a harmonia que está por vir.

Abra-se para uma nova fase em sua vida, uma fase onde existirá mais verdade, respeito pelas diferenças e troca verdadeira. Uma fase em que você poderá descansar das batalhas que tem travado e recuperar as suas forças. Confie. As dificuldades serão superadas. É tempo de reconstrução e paz. A harmonia divina está ao seu lado.

Harmonia — Visualização de cura

Veja a si mesmo em frente a um vasto oceano. Observe por um momento as ondas que se agitam furiosamente mostrando toda a força da água. Sinta então uma suave rajada de vento.

Deixe-se envolver por essa brisa suave, e sinta-a viva, comunicando-se com você. Sinta a brisa circundando o seu corpo mornamente, como se estivesse abraçando você, um abraço de luz. E assim, suavemente, deixe que essa brisa vá desfazendo todos os pontos de conflito do seu corpo, como se ela fosse soprando o conflito para fora de você. Deixe que esse vento angelical leve com ele a mágoa, o ressentimento, a memória dos momentos difíceis que você passou, a tensão, o medo. Sinta-se ficando cada vez mais leve, em paz. Permita-se sentir a paz em cada célula de seu corpo, como se essa fosse a verdade única. Quando finalmente sentir que o vento se aquietou, olhe novamente para o oceano à sua frente e perceba que as ondas se acalmaram e que apenas pequenas ondinhas do mar beijam seus pés. Sinta que o oceano, como você, está na mais perfeita paz. Agradeça, o conflito se foi. Respire fundo e traga para dentro de você essa verdade. Sinta-se em harmonia.

23. INSPIRAÇÃO

Inspiração

Eu acho bonito pensar que cada um de nós, como uma semente sagrada, possui em seu íntimo o potencial para criar o mais belo dos mundos.

Nós somos os instrumentos por meio dos quais o Universo cria. Nós somos co-criadores de uma realidade que pode refletir a harmonia divina, agora mesmo, ao nosso redor.

Quando nos abrimos para que a sabedoria, a virtude e a beleza fluam por nosso intermédio, da nossa boca brotam palavras de infinita sabedoria, dos nossos dedos surgem trabalhos maravilhosos, do nosso coração surgem poesias capazes de tocar outros corações, da nossa mente surgem idéias maravilhosas capazes de trazer mais conforto e harmonia para a vida de milhares de pessoas. Nós nos tornamos pintores, escritores, poetas, cientistas, filósofos, pensadores.

Para que isso aconteça, no entanto, é preciso que o pequeno ego abra espaço para que o Eu Superior e Divino se manifeste. O ego é a parte de nós que se sente separada do divino, que se esqueceu de fazer parte de algo maior. Por mais que se esforce, o ego não consegue chegar àquele ponto em que a técnica ganha alma e se torna capaz de tocar o íntimo das pessoas. Você pode tocar um instrumento muito bem, sem cometer erro algum, mas ainda assim isso não garante que a música será capaz de emocionar as pessoas. Para isso é preciso algo mais... é preciso alma.

Se a inspiração veio hoje a você, existem energias angelicais dispostas a ajudá-lo a realizar de modo divino uma tarefa criativa. Não importa se você esteja precisando dessa ajuda para estudar, escrever, pintar, cantar ou solucionar um problema complicado. Pare por um momento de se esforçar e feche os olhos, busque entrar em contato com essas energias inspiradoras. Sinta a inspiração dessa energia, a beleza, a virtude e a sabedoria disponíveis a você, fluidas como nunca. Você está prestes a realizar essa tarefa divinamente, acredite!

Inspiração — Visualização de cura

Feche os olhos e sinta a chegada de uma linda borboleta cujas asas têm as mais lindas cores. A borboleta flutua com suavidade acima de você e a partir de suas asas ela começa a lhe enviar os mais belos feixes de luz, de todas as cores. As luzes caem como chuva luminosa sobre você. Ao ser tocado por esses feixes luminosos, por essas cores maravilhosas, você percebe seus sentidos se expandindo. Subitamente, você se torna capaz de enxergar cores nunca antes imaginadas, você consegue ouvir sons límpidos e cristalinos, ter idéias magníficas. Sinta que a sua mente está sendo iluminada e expandida, ampliando a sua capacidade de pensar. Sinta o seu coração sendo tocado, abrindo-se e aumentando a sua sensibilidade. Apenas sinta isso por um tempo, conectando-se com essa expansão, com essa maravilhosa borboleta, recebendo toda a sua inspiração.

Quando ela se for, lembre-se de agradecer.

(Faça sempre essa visualização antes de qualquer tarefa para a qual você queira se inspirar. Faça essa visualização antes de estudar, antes de pintar, escrever, criar, etc. Você será ajudado.)

– 81 –

24. INTEGRIDADE

Integridade

Dentro de cada um de nós, num lugar tranqüilo, afastado dos ruídos do dia-a-dia, existe um lago sagrado onde somos capazes de enxergar a nossa verdade, a nossa essência, a parte mais bela do nosso ser.

Você já visitou esse lugar dentro de você? Experimente. Isso lhe será extremamente útil, principalmente nos momentos de dúvida ou confusão; trata-se daqueles momentos em que você está se sentindo perdido, sem saber o que fazer, sem saber quem você verdadeiramente é ou o que você verdadeiramente quer.

Em momentos assim, penetre nas suas próprias profundezas, viaje em direção ao centro do seu ser, e busque por esse lago. E quando o encontrar, simplesmente cale todos os pensamentos, afaste-se das opiniões das pessoas, jogue fora todas as expectativas sobre como você deveria agir, sobre quem você deveria ser. Aos poucos você encontrará a sua verdadeira imagem, a essência divina que existe em você.

A integridade acontece na nossa vida quando encontramos esse lago e libertamos a nossa verdade, trazendo-a à tona; quando somos capazes de refletir, no mundo externo, essa beleza que enxergamos nas profundezas do nosso ser. A integridade se torna presente quando permitimos que a nossa essência divina se manifeste na nossa vida, sem procurar esconder, distorcer ou camuflar a nossa verdadeira face.

Quando agimos com integridade, honramos a nossa verdade, agindo como pessoas honestas, imparciais, confiáveis e éticas. De repente nos sentimos capazes de cumprir o que prometemos, de manter um segredo, de agir com justiça e de manifestar as mais belas qualidades do nosso Eu Superior.

Se a integridade surgiu a você neste momento, você está sendo chamado a prestar atenção nesse aspecto da sua vida. Talvez você esteja sendo testado, talvez esteja no momento exato em que tenha de fazer uma escolha entre ser ou não verdadeiro em alguma questão da sua vida. A carta da integridade veio até você para ajudá-lo a honrar a sua verdade. Não tenha medo das conseqüências das suas atitudes ou dos seus posicionamentos. Não pense no que as pessoas vão achar ou em como elas lidarão com a sua verdade. Apenas diga a sua verdade da maneira mais cuidadosa e amorosa que for capaz.

Todas as vezes que optamos pela verdade, permitimos que as energias sutis do Universo se manifestem na nossa vida e na vida de todas as pessoas envolvidas, trazendo proteção e cura a todos.

Integridade — Visualização de cura

Feche os olhos por um momento e mergulhe nesse espaço quieto e silencioso que existe dentro de você. Vá se afastando das vozes das pessoas, das suas próprias crenças sobre certo e errado e simplesmente mergulhe até encontrar o seu lago sagrado.

Você se senta em quietude em frente a esse lago. Você percebe uma luz surgindo lá no fundo. A luz pára sobre o lago e então você vê uma linda mulher alada erguendo-se sobre a superfície do lago. Sua beleza é estonteante, e a sua presença emana pureza, sabedoria, verdade e bondade. Ela vem em sua direção e você sente a enorme força da sua presença. Seria impossível esconder qualquer coisa dela e intuitivamente você sabe disso. Ela olha nos seus olhos, um olhar profundo que enxerga a sua alma. Você retribui o olhar e vê a si mesmo refletido nos seus lindos olhos. A mulher alada coloca gentilmente algo em volta do seu pescoço, um presente trazido das profundezas do lago para você. Você agradece e ela volta para o fundo do lago. Esse presente o ajudará a vivenciar a integridade em sua vida.

25. INTENÇÃO

Intenção

A intenção está intimamente ligada à noção de que você é capaz de interferir em tudo o que acontece ao seu redor, a partir das suas expectativas.

Quanto mais você se ligar de uma maneira positiva com a vida, mais forte será o poder da sua intenção. Você se apropria da intenção quando sai do papel de vítima de um destino não escolhido e descobre a si mesmo como criador dos acontecimentos que surgem ao seu redor. Manifestar uma intenção é tomar em suas mãos as rédeas da sua vida, ter um plano e convidar o Universo para participar da sua realização.

Intenção (intento + ação) tem a ver com ter um objetivo e pretender atingi-lo!

Tudo o que acontece na sua vida é influenciado pelas suas intenções. Logo, abandone as queixas e os negativismos e em vez disso manifeste pensamentos de poder, merecimento e realização. Queira, acredite, vibre, despeje sobre os seus desejos todo o seu entusiasmo. Seja positivo quanto ao que busca na sua vida. Isso cria movimento e coloca as forças do Universo em ação a seu favor!

A intenção veio a você hoje para inspirá-lo a se apropriar dos seus objetivos e a acreditar que você os merece e pode atingi-los. Faça uma lista do que você gostaria de manifestar na sua vida. Ou recorte figuras e faça uma linda colagem que represente uma vida feliz cheia de realizações. Despeje então, sobre os seus desejos, o que você tem de melhor, despeje todo o seu amor. Imagine que aquilo tudo já esteja acontecendo, agora mesmo. Antecipe a alegria de ver os seus desejos realizados, despeje sobre esse plano de vida seus pensamentos mais positivos e luminosos.

Por que esperar mais? Existem energias angelicais abençoando os seus desejos agora mesmo. Não perca este momento!

Intenção — Visualização de cura

Feche os olhos e visualize um lindo ser alado vindo em sua direção. Ele se aproxima e, de uma sacola dourada, vai retirando algumas sementes luminosas. Ela vai colocando-as suavemente, uma a uma, na palma da sua mão. Cada semente é um desejo vivo da sua alma. Sinta a vida que pulsa em cada semente.

De posse dessas sementes, caminhe na direção do seu jardim interior, cravado no centro de seu peito, e plante cuidadosamente cada semente nesse solo úmido e fértil. Ao colocar as suas sementes dentro do solo desse jardim, você está plantando as suas intenções. Feito isso, despeje sobre o solo o seu entusiasmo, na forma de uma chuva dourada que torna o solo ainda mais fértil.

Fique observando e, como se o tempo tivesse voado, veja de cada semente brotar a mais bela flor que for capaz de imaginar. Veja esse jardim florido, sinta-se merecedor dessa beleza e celebre-o em comunhão com a sua alma!

26. LIBERDADE

A cada um de nós pertence o mais belo par de asas que poderia existir. A essas asas chamo Liberdade.

Você é e sempre será livre, embora eu saiba que algumas vezes talvez você não se sinta assim. No decorrer da vida, vez ou outra você acaba se esquecendo de suas próprias asas, o que faz com que se sinta aprisionado em um ego pequeno e limitado, incapaz dos vôos soltos que só a sua essência é capaz de arriscar.

Todos nós, quando nascemos, fomos de algum modo moldados para corresponder ao que era esperado de nós e tivemos as nossas asas cortadas para que não voássemos para longe demais.

Mas, como seres divinos que somos, nossas asas sempre voltam a crescer. São elas que nos impulsionam a ir além das fronteiras que o mundo nos impõe. São as nossas asas que nos convidam a arriscar, a acreditar, a confiar. São as nossas asas que nos empurram na direção do novo e nos pedem para acreditar na nossa capacidade de superar limites. São as nossas asas, e somente elas, que nos dizem o quanto somos livres para voar.

Se a liberdade veio convidá-lo para um vôo hoje, comemore. Torne-se cego para o que você vê ao seu redor, e aprenda a olhar para dentro de si mesmo. Torne-se surdo para o que lhe dizem as pessoas e ouça apenas a voz da sua própria alma, que neste exato momento sussurra suavemente em seus ouvidos, incentivando-o a acreditar-se capaz de voar.

Esta carta veio lhe trazer a mensagem de que você é poderoso o suficiente para libertar-se de qualquer situação limitadora que esteja vivendo ultimamente. Chegou o momento de descobrir a sua própria força transformadora e mudar o que vem aprisionando você. A liberdade veio hoje lhe dizer que, se você vem ensaiando um vôo ultimamente, chegou o momento de abrir mão do medo, sacudir suas asas e arriscar. Este é o seu momento. Liberte-se!

Liberdade — Visualização de cura

Feche os olhos e veja a si mesmo num ninho, bem no alto de uma montanha. Nesse ninho, existem todas as coisas que sempre rodearam você na sua vida: pessoas, situações, lugares e crenças conhecidas.

Então um belo ser alado aproxima-se desse ninho; trata-se da própria liberdade que vem voando na sua direção. Perceba a chegada dessa bela energia, a vitalidade que ela traz. Ela estende a mão na sua direção e o convida a voar com ela. A liberdade lhe mostra que também você possui asas, tão fortes quanto as dela.

Chegue na beirada do ninho, olhe ao redor, para a linda paisagem que se descortina em todas as direções. Tudo isso está aí para você. Confie na força das suas próprias asas. Abra-as, respire fundo e salte. Sinta o bater das suas asas, sinta a brisa batendo no seu rosto, olhe ao redor e veja todas as suas possibilidades de vida, encante-se.

Veja, você é capaz de voar ao lado da liberdade!

Voe o quanto quiser e, quando estiver pronto, voe de volta até o seu próprio corpo, trazendo consigo todo o aprendizado desse vôo.

27. MANIFESTAÇÃO

Pense no seu mundo interior como um lindo céu azulado onde pairam infinitas estrelas de possibilidades. Uma manifestação acontece quando uma dessas possibilidades se concretiza no mundo exterior.

Manifestação

Existe um caminho que precisamos percorrer para que uma simples idéia se concretize na nossa vida. Em primeiro lugar, precisamos fazer com que os nossos pensamentos e os nossos sentimentos concordem entre si e se unam em harmonia. Você precisa ser capaz de visualizar exatamente o que deseja, e de sentir como se isso já tivesse acontecido. Feito isso, uma idéia semente é plantada. Se você for capaz de acreditar nessa semente e nutri-la com pensamentos positivos, visualizações constantes e um senso de merecimento, um dia ela se manifestará, desabrochando na sua vida com toda a sua beleza.

Assim, a manifestação se refere à sua capacidade de conectar os mundos interior e exterior, à sua capacidade de trazer para a realidade concreta o que antes se encontrava constelado apenas nesse espaço silencioso dentro de você. Quanto maior for o seu nível de consciência, mais força você terá para manifestar seus sonhos no "mundo real".

Se a manifestação surgiu hoje, isso significa que uma porta, entre esses dois mundos, está prestes a se abrir para você. Existem energias angelicais trabalhando nessa abertura, o que lhe disponibilizará em breve uma potente energia criadora, que lhe trará uma imensa força de manifestação. Em breve você será capaz de materializar seus sonhos.

Prepare-se para esse momento purificando a sua mente e escolhendo aquilo que você gostaria que se manifestasse na sua vida neste momento. O que você quer?

Procure ser objetivo. Pode ser que queira constelar um amor, um emprego, uma casa. Pode ser também que você prefira algo interior, como paz. Seja o que for, peça a ajuda de seu Eu Superior e trabalhem juntos na criação de uma imagem do que você almeja. Feito isso, é só esperar! A porta da manifestação está prestes a se abrir.

Manifestação — Visualização de cura

Feche os olhos e mergulhe no seu mundo interior. Veja-se flutuando no Universo, entre galáxias e estrelas. Perceba a maravilha e a grandeza de tudo ao seu redor. Veja então uma porta prateada flutuando entre todas aquelas estrelas. Vá sendo atraído por ela, até que possa tocá-la. Abra-a. Do outro lado, lá longe, você vê o planeta Terra.

A porta está aberta agora. Veja então aquelas estrelas brilhantes, como um rastro de luz que tivesse vida própria, atravessando a porta, flutuando lentamente na direção do planeta Terra, como uma faixa feita de minúsculos pontos luminosos.

Veja o planeta e seu eu terreno recebendo, como uma bênção, essa infinita faixa de estrelas. Sinta-se ao mesmo tempo recebendo essa poderosa energia capaz de transformar seus sonhos e desejos em realidade. A porta da infinita manifestação abriu-se e essa energia divina está sendo derramada sobre você agora mesmo. Permita que essa cascata de estrelas nutra seus sonhos. Alimente-se dessa energia até que sinta vontade de abrir os olhos.

28. MEDITAÇÃO

Meditação

Meditar, seja qual for a técnica utilizada, é um encontro calmo e silencioso com o nosso próprio ser. Todos nós temos a necessidade de nos afastar de vez em quando da correria do dia-a-dia e de nos lembrar de quem somos de fato, da nossa essência, da nossa luz. Para quem vive em meio à natureza, isso acontece com mais facilidade na observação de um riacho, no vôo de uma borboleta, no silêncio da tarde que cai. Mas para aqueles que vivem em cidades, é preciso buscar ativamente esse encontro, e a meditação é um dos mais belos caminhos.

A humanidade tem gasto muita energia em explorações externas. Com nossas espaçonaves, temos chegado a pontos cada vez mais distantes do espaço, temos usado submarinos para mergulhar nas profundezas do oceano e temos escavado a terra chegando a profundidades antes inimagináveis.

No entanto, chegou o momento de nos empenharmos da mesma maneira num tipo diferente de exploração: aquela que nos leva para dentro do nosso próprio ser. Onde mais encontraremos o que buscamos? Onde mais estariam as respostas mais procuradas, os tesouros mais preciosos, a segurança tão almejada? Em vez de máquinas e instrumentos, só a nossa mente é necessária.

Se a meditação veio falar com você hoje, este é o seu momento de reavaliar onde você anda empregando a sua energia. Você está sendo inspirado a afastar-se um pouco do mundo exterior e a fazer a mais maravilhosa e fantástica das viagens, aquela que o leva para dentro do seu próprio ser. Aquiete a sua mente, respire fundo, relaxe. Sinta agora mesmo uma presença luminosa ao seu lado, pronta para guiá-lo nessa exploração.

Durante uma semana, dedique pelo menos quinze minutos a cada dia para mergulhar nesse espaço interior. Você estará sendo guiado e ajudado a chegar a uma profundidade nunca antes atingida por você.

Meditação — Visualização de cura

Imagine-se sentado em frente a um lago, olhando para a superfície da água, da qual vão surgindo os seus pensamentos. Toda vez que um pensamento vem à sua mente, você o vê refletido na superfície desse lago, na forma de uma imagem. As imagens vêm e vão com os seus pensamentos.

Sinta então a presença de um ser de luz ao seu lado, seu guia interior. Ele se senta ao seu lado e começa a enviar para o lago uma suave luz violeta. A luz vai se expandindo pela superfície do lago, que vai ficando violeta. Veja a superfície do lago cada vez mais tranqüila até que você se conecte com uma profunda paz. Só existe a sua respiração e a luz violeta. Nenhum pensamento, nenhum desejo, nenhuma lembrança turva a sua mente. Tudo o que você vê é esse lago violeta, cuja superfície reflete apenas o brilho da sua própria luz.

29. MILAGRE

Milagre

Se você parar para pensar, milagres acontecem o tempo todo ao nosso redor. Olhe para o céu numa noite estrelada, olhe para todas aquelas estrelas, e saberá do que estou falando. Observe a natureza. Acompanhe um nascimento. Perceba a beleza de um jardim florido. Olhe-se no espelho... você é um milagre!

Quanto mais elevado é o nosso nível de consciência, mais somos capazes vivenciar uma experiência milagrosa.

Pense em todas as vezes que você acreditou estar num beco sem saída, e de repente uma porta inesperada se abriu. Isso é um milagre, uma brecha entre o divino e o humano, o divino derramando sua força e beleza na sua vida cotidiana. As sincronicidades, aquelas aparentes coincidências que de tão evidentes não poderiam ser consideradas "coincidências", são pequenos milagres. Quando desejamos profundamente falar com alguém e inesperadamente essa pessoa nos telefona, isso é um milagre.

Aprenda a reconhecer e se conectar com os pequenos milagres do seu dia-a-dia. Vá treinando a sua atenção consciente e os seus sentidos para percebê-los e talvez você se torne tão consciente que possa perceber também os grandes milagres da vida.

Se esta carta surgiu para você hoje, um milagre está se aproximando de você. O plano divino está abrindo caminho em direção à sua vida terrena. Você precisa preparar-se, expandindo ao máximo a sua consciência nos próximos dias. Existem seres angelicais ajudando você a abrir-se para essa experiência milagrosa. Libere-se de velhas crenças aprisionadoras que lhe dizem que algo é impossível, entregue seus medos e dúvidas aos planos superiores. Acredite que tudo é possível quando o divino atua na nossa vida. Medite pelo menos por dez minutos todos os dias, criando um espaço luminoso onde esse milagre possa ancorar. E quando se encontrar maravilhado pela beleza desse milagre divino, agradeça ao seu Eu Superior e aos seres que o ajudaram a chegar até lá.

Milagre — Visualização de cura

Feche os olhos. Veja a si mesmo sentado em frente a um lindo diamante. Olhe para esse diamante, perceba a sua transparência translúcida e sinta que ele contém o milagre da vida dentro dele.

Vá respirando e simplesmente olhando para esse belo diamante, admirando a sua beleza, sentindo a sua divindade. Vá acalmando cada vez mais seus pensamentos, concentrando-se na pedra, até que ela comece lentamente a se transformar na mais pura luz... um milagre vai se revelar a você.

Acompanhe atentamente a luz que vai surgindo no lugar do diamante e leve para a sua consciência a primeira imagem que surgir de dentro dela. Seja o que for que essa luz revele a você, olhe para isso e encontre o milagroso nessa revelação.

Agradeça às energias angelicais que o auxiliaram nessa visualização.

30. MOVIMENTO

Movimento

Pense numa fotografia. Pense naquele pedaço de papel como se todo o movimento da vida tivesse se congelado nele; uma única cena é captada, a vida é paralisada. É como se tivéssemos o poder de parar a vida e registrá-la nessa única fotografia.

Você deve ter um álbum de fotografias na sua casa. Em geral quando montamos um álbum escolhemos, entre muitas fotos, aquelas em que nos percebemos melhor, mais bonitos, mais perfeitos.

Algumas pessoas esperam que suas vidas sejam como um desses álbuns de fotografias: uma seqüência maravilhosa de momentos feitos da mais pura perfeição. No entanto, essa expectativa não tem nada a ver com a assim chamada vida "real". Na vida real, aquela que acontece entre uma fotografia e outra dos nossos álbuns, muitas coisas imperfeitas acontecem. Vivenciamos problemas, dificuldades, desafios. Temos momentos de mau humor, irritação e feiúra. Brigamos com as pessoas, ferimos, erramos, nos enganamos. A vida real não tem nada a ver com um álbum de fotografias, pois a essência da vida é o movimento.

É preciso amadurecimento para que possamos abrir mão das nossas expectativas infantis de uma vida estaticamente perfeita. Enquanto somos incapazes desse amadurecimento, nos sentimos repetidamente frustrados e fracassados, uma vez que nunca conseguimos atingir uma meta tão elevada. Do mesmo modo, acabamos exigindo perfeição das pessoas que convivem conosco, muitas vezes nos tornando rígidos, críticos e cobradores nos nossos relacionamentos interpessoais.

Se a carta do movimento surgiu hoje para você, preste atenção se você tem se sentido paralisado na vida, imerso em exigências de perfeição. Perceba se tem exigido demais de si mesmo ou dos outros.

Lembre-se: A conquista da felicidade depende do seu empenho em manter a sua vida em movimento.

Algo não está indo bem em seu relacionamento? Então aceite esse momento imperfeito e mantenha-se em movimento. Não pare bem no meio dessa cena como se ela fosse única. Tudo se transforma.

Do mesmo modo, se você está vivendo um momento muito feliz, não tente mantê-lo a qualquer custo. É natural que você se mova em direção ao momento seguinte.

Esta carta lhe pede que você aceite cada momento de sua vida sem tanta exigência, sem tanto julgamento e sem prender-se tanto a ele. Mova-se. Deixe as coisas acontecerem. Sem movimento não há vida.

Movimento — Visualização de cura

Feche os olhos e imagine que você esteja num barco, navegando por águas gélidas por onde flutuam vários blocos de gelo. Então você avista um enorme *iceberg*. Esse *iceberg* representa algo que está congelado na sua vida. Uma área de sua vida que se encontra parada, na qual você esteja vivendo repetições, em que nada parece mudar.

Então você se aproxima desse *iceberg* e o abraça. Você o abraça aceitando a sua existência na sua vida. Você o abraça com amor. Então você começa a sentir um forte calor, o calor do seu coração. Continue abraçado ao *iceberg*, isso que você quer transformar em sua vida, e sinta que existem energias angelicais intensificando o calor que brota do seu coração. Perceba que aos poucos o gelo começa a derreter. Continue abraçado. Veja aquela rocha de gelo se derretendo, se transformando em água. Veja essa água, fluida, se misturando com as águas do mar, e dos rios, movendo-se, transformando-se. Quando todo o gelo tiver derretido, respire fundo e sinta que em breve sua vida estará em movimento também.

31. NATUREZA

Na natureza tudo flui sem esforço e em harmonia. Uma ovelha é simplesmente uma ovelha, sem torturar-se tentando ser um urso polar. O urso hiberna no inverno, sem medo de acordar e não ter o que comer. O elefante não fica se olhando no espelho achando que deveria perder uns quilinhos.

Natureza

Existe na natureza um equilíbrio tão perfeito e belo que só podemos percebê-lo como divino. A natureza opera intuitivamente e nos mostra, do modo mais palpável possível, que o nosso mundo é uma maravilhosa rede de conexões incrivelmente sincronizadas. Se observarmos a natureza atentamente será impossível negar a existência de uma força maior que dá sentido ao que parece não ter sentido algum.

A natureza tem muitos presentes a nos oferecer. Ela nos ensina sobre os ritmos da vida, sobre marés que vêm e vão, sobre folhas que caem para dar lugar a outras, sobre montanhas que se mantêm firmes e fortes mesmo em meio às tempestades, sobre a nossa impossibilidade de controlar forças que são muito maiores do que nós. A natureza nos ensina sobre mudança, transformação. Tudo se move e muda o tempo todo, quer gostemos disso ou não. Tudo acontece no seu próprio tempo, quer aceitemos ou não.

Se você está recebendo esta mensagem, procure ficar em contato com a natureza. Se você mora numa cidade, pode procurar um parque, ou o contato com um animalzinho, ou mesmo uma singela flor.

Permita-se estar em contato com a natureza sem pensar sobre ela, apenas sentindo-a.

Sinta as árvores, sinta a presença desse animalzinho, sinta a beleza da flor. E faça o exercício de perceber-se parte dela. Você é parte da natureza. Ao se conectar com um elemento natural dessa maneira, você será amorosamente conduzido, por forças angelicais, em direção à sua própria essência, ao ser natural que existe em você, ajudado a sentir-se parte de um mundo divino e amoroso, cuja essência reflete a mais pura perfeição. Ao sentir-se parte da natureza, você será capaz de aceitar o que quer que esteja lhe acontecendo agora, e encontrará direcionamento intuitivo para a sua atual situação. Confie.

Natureza — Visualização de cura

Veja a si mesmo entrando numa linda floresta. Ande olhando ao redor, percebendo as árvores, os raios de Sol iluminando a vegetação. Preste atenção nos sons da floresta, nos pássaros, na brisa balançando levemente as folhas, no vôo de um inseto. Vá caminhando até que você encontre "a" árvore. Entre tantas, essa árvore irá chamar a sua atenção de modo especial. Aproxime-se dela como se ela fosse um amigo antigo e protetor. Abrace-a, encoste o seu coração no tronco, sinta-a. Sinta a vida dessa árvore pulsando nesse abraço, nessa troca.

Perceba então que a árvore está enviando uma linda energia verde-esmeralda na sua direção. A luz sai do tronco e o envolve por completo, trazendo-lhe uma sensação de plena aceitação. A árvore aceita você, plenamente, como você é. Receba essa energia, como se fosse uma seiva sagrada. Absorva-a em cada célula do seu corpo até que se sinta em comunhão com a árvore. Permaneça nesse encontro o tempo que achar necessário. Não se esqueça de agradecer antes de partir.

32. NOVO AMOR

Novo Amor

No amor, muitas vezes sofremos por causa do nosso apego ao que já é conhecido e por tentar controlar a vida para evitar a dor. No entanto, assim como tudo muda, a nossa vida amorosa também passa por mudanças de direções e profundas transformações. Muitas vezes, relacionamentos que pareciam sólidos simplesmente se desmoronam em frente aos nossos olhos incrédulos. Outras vezes, de onde menos esperamos surge o amor pelo qual tantas vezes ansiamos.

Assim é a vida: surpreendente, mas sempre justa.

Quanto mais você for capaz de fluir com o que a vida lhe trouxer, mais suavemente passará pelas mudanças que estão por vir. Não tenha medo, abandone a rigidez e confie que tudo está ocorrendo para o seu bem. É importante que você perceba que existe um fluxo de sabedoria invisível orquestrando belamente cada acontecimento de sua vida amorosa, e que se você conseguir libertar-se dos seus velhos padrões de crenças e condicionamentos, poderá experimentar a deliciosa sensação de ser levado de volta para o caminho que sua alma desenhou para sua vida.

Se esta carta se abriu para você hoje, sua vida amorosa está prestes a passar por profundas transformações. Um novo amor está se manifestando e é importante que você esteja atento para perceber a sua aproximação.

Talvez ele venha pelo renascimento de um relacionamento que você já esteja vivendo. Talvez venha na forma de um novo parceiro que, neste exato momento, se prepara para entrar na sua vida.

É importante que você deixe para trás tudo o que representa o passado. Deixe para trás as suas idéias preconcebidas sobre como deve ser o seu parceiro ou como você acha que devem ser os relacionamentos. Abra-se para o novo! Para novas pessoas, novos amigos, novos lugares, novas maneiras de pensar e perceber o mundo. Abandone as suas antigas crenças autolimitadoras, liberte-se dos relacionamentos que já não fazem sentido para você, limpe os seus armários, dê o que não usa mais, queime cartas antigas. Faça escolhas! Não queira segurar tudo. Entregue o seu passado para que o novo amor que se aproxima tenha espaço na sua vida. Este é o seu momento.

Novo amor — Visualização de cura

Veja-se caminhando por uma estrada carregando um álbum de fotografias. A certa altura da estrada você vê uma pequena fogueira acesa. Por um instante você pára, senta-se ao lado do fogo e abre o álbum. Esse álbum contém imagens da sua vida, imagens de pessoas e situações relacionadas com o seu passado afetivo. Vá olhando foto por foto. Vá retirando desse álbum as lembranças e crenças que o aprisionam, as fotos que você já não precisa carregar. Use a sua intuição, ela lhe dirá quais fotos você deve retirar. Queime as fotos, pedindo que as energias angelicais que o acompanham o ajudem a libertar-se, abrindo espaço para um amor atual e mais real. Quando tiver retirado todas as fotos antigas do álbum, perceba alguém se aproximando, ao mesmo tempo em que uma bela música começa a tocar. Esse é o seu novo amor. Dance com ele ao som dessa música numa bela noite de luar. Sinta esse amor, real, vivo, e leve essa sensação para dentro do seu coração.

33. NUTRIÇÃO

Todos nós vivemos momentos em que nos sentimos sem energia, como se a nossa luz tivesse momentaneamente se apagado, deixando-nos com uma sensação de desânimo e cansaço. Tudo fica cinza, como se estivéssemos menos vivos, anestesiados ou afastados da nossa própria alma.

Nutrição

Quando isso acontece é preciso que encontremos uma maneira de nos tornar vivos de novo, de recuperar a nossa luz, o nosso brilho, de restaurar a nossa energia vital. Se ficarmos por tempo demais desconectados da nossa própria essência, corremos o risco de acabar adoecendo, uma vez que o nosso corpo energético precisa estar pulsante e saudável para que os nossos órgãos e tecidos mantenham a saúde e desempenhem bem as suas funções.

A consciência desse estado desvitalizado é o primeiro passo para que recuperemos o nosso equilíbrio. É preciso perceber que quando nos separamos de nós mesmos, enfraquecemos. Longe da nossa alma, tudo começa a se apagar aos poucos.

Você tem vários corpos e precisa aprender a nutrir cada um deles. Você tem um corpo físico, um corpo emocional, um corpo mental e um corpo espiritual.

Alimente o seu corpo físico com alimentos frescos — só esses alimentos possuem luz! Alimente o seu corpo emocional com belas músicas, obras de arte, relacionamentos harmoniosos. Alimente o seu corpo mental com leituras ou conversas que lhe façam bem. Alimente o seu corpo espiritual meditando, orando, buscando contato com a natureza.

Ao conectar novamente os seus corpos à luz, instantaneamente você volta a sentir-se ligado a tudo o que existe, volta a sentir-se vivo.

Se esta carta surgiu a você, talvez você ande se sentindo cansado ou entediado ultimamente. Você precisa encontrar espaço na sua vida para integrar novamente a luz à sua vida. Abra-se para que as energias cósmicas (que vêm do céu) e telúricas (que vêm da terra) possam restaurar o equilíbrio de seus centros energéticos. Você será guiado, por seres angelicais, a encontrar os caminhos para a sua nutrição. Reserve para si mesmo momentos de silêncio e contemplação, afaste-se um pouco das coisas e pessoas que vêm sugando ou esgotando a sua energia, diminua o seu ritmo no dia-a-dia, procure conectar-se ao que lhe faz bem.

Nutrição — Visualização de cura

Feche os olhos e sente-se em quietude. Veja a si mesmo como se você fosse uma grande árvore. Sinta inicialmente as suas raízes penetrando na terra. Permita que elas se aprofundem até que você se sinta estável, até que sinta a doce seiva da terra sendo sugada pelas suas raízes alimentando você. Receba essa seiva, nutra-se, fortaleça a si mesmo com essa energia que vem da Terra.

Então perceba a copa da árvore feita de folhas verdes e viçosas. Expanda essa copa até um tamanho que seja confortável para você. Sinta então uma luz quente e dourada, a luz solar, sendo absorvida por cada folha dessa copa. Sinta a energia cósmica chegando até você através das folhas; alimente-se dessa luz, fortaleça-se.

Assim, nutrido pela Terra e pelo céu, sinta a vida pulsando em você.

Aos poucos, vá voltando a perceber o seu corpo novamente, trazendo para cada célula do seu corpo toda essa nutrição. Sinta-se mais vivo, e quando estiver pronto abra os olhos.

34. PACIÊNCIA

Paciência

Paciência é a nossa capacidade de respeitar o ritmo divino que está por trás de cada pequeno acontecimento da nossa vida. Ser paciente é aceitar que tudo acontece no seu próprio tempo, um tempo que não podemos controlar.

Do mesmo modo que os frutos amadurecem no seu próprio tempo, em sintonia com a natureza, tudo na nossa vida acontece na hora certa. Existe uma sabedoria Universal regendo o ritmo de cada acontecimento da nossa vida.

Uma pessoa paciente sabe viver os tempos de espera de maneira relaxada e tranqüila. A impulsividade, a pressa e a ansiedade em nada ajudam nos processos de amadurecimento da vida.

Imagine-se esperando pelo fruto de uma árvore. De que adiantaria ficar com dor de estômago, correr ao redor da árvore ou gritar com ela que você quer o fruto em suas mãos, "já"? Isso não vai fazer com que o fruto amadureça mais depressa.

A criança em nós tem muito a aprender sobre paciência, e muitas vezes sofremos porque deixamos que essa criança assuma o controle passando a exigir da vida a imediata satisfação de suas vontades.

É claro que podemos colaborar com a natureza da vida. Podemos adubar uma árvore, protegê-la das pragas, regá-la de modo adequado. Mas depois que já fizemos tudo o que estava em nossas mãos, precisamos praticar a entrega a um plano superior, exercitando a paciência, entrando em sintonia com esse tempo divino.

A paciência está lhe pedindo para confiar mais na vida. Talvez você venha se sentindo irritado ou ansioso ultimamente. Talvez esteja perdendo a confiança de que a vida lhe trará os frutos que tanto almeja. Preste atenção... aquilo pelo qual você tem esperado em sua vida já está a caminho. Esta carta lhe pede para relaxar mais, para se tranqüilizar e acreditar que tudo acontece a seu tempo. O tempo divino é sempre o mais justo e o mais certo para você. Pare de se esforçar em tentar controlar o que não pode ser controlado, pare de se pressionar, ou de pressionar alguma outra pessoa. Aproveite o seu tempo para ficar bem com você mesmo, permita-se uma espera paciente e relaxada, a espera de quem tem a certeza de que o que foi pedido está a caminho!

Paciência — Visualização de cura

Feche os olhos e preste atenção num ponto alaranjado dentro do seu corpo, cerca de quatro dedos abaixo do seu umbigo. Permita que esse ponto se expanda até se tornar uma esfera alaranjada. Vá respirando e imaginando essa luz de cor laranja se expandir, até que essa esfera se torne uma caverna alaranjada, muito iluminada. Essa caverna é a sua criatividade, é o espaço sagrado de onde tudo nasce de dentro de você. Veja a si mesmo dentro dessa caverna. Sente-se bem no meio dela e comece a respirar, sintonizando-se com a paz e a confiança de que tudo acontece a seu tempo. À medida que você vai se tranqüilizando, percebe que existem muitas sementes dentro dessa caverna. Então você derrama sobre elas toda a sua paz. Você derrama sobre elas a confiança de que cada semente irá brotar no seu próprio tempo. Sinta a caverna ser preenchida pela sua paz e confiança. Então volte a prestar atenção no seu corpo, na sua respiração. Vá se preparando para voltar, para abrir os olhos, mas faça isso no seu próprio tempo, em paz, sem pressa.

35. PAIXÃO

Você já deve ter percebido que todas as vezes que efetuamos mudanças na nossa vida, mesmo mudanças difíceis, acabamos nos sentindo mais reais, como se fôssemos subitamente preenchidos por uma deliciosa vitalidade que já não nos suspeitávamos capazes de sentir.

No entanto, mudar requer assumir riscos e enfrentar o desconhecido, o que é muito assustador. Por essa razão, muitas vezes permanecemos apegados a velhas crenças ou padrões, agarrados ao conforto daquilo que já conhecemos.

Essa imobilidade é perigosa para a nossa alma, razão pela qual vez ou outra atraímos para a nossa vida uma paixão. Pode ser paixão por uma pessoa, por um trabalho, por um projeto ou por nós mesmos. Qualquer que seja a sua forma de manifestação, a paixão vem envolvida por uma força praticamente irresistível, e sua função maior é nos ajudar a sair desse estado de morte e imobilidade.

Agora, preste atenção: a paixão é uma força selvagem e para lidar com ela de modo seguro é imprescindível que você invoque a presença e a sabedoria de seu Eu Superior. Só assim você conseguirá unir sabiamente essa poderosa força à compaixão do seu coração. Essa é uma chave preciosa para lidar com essa energia, que o ajudará a dar os passos que precisam ser dados em segurança.

Não use a paixão como justificativa para atitudes de covardia ou desconsideração para com os outros ou com você mesmo.

Se a paixão veio a você hoje, talvez você esteja se sentindo desvitalizado, entediado ou estagnado na vida. É muito importante que você compreenda a paixão que se aproxima como sendo uma mola propulsora e libertadora. Se for assim entendida, com certeza ela levará você a vencer a inércia, romper barreiras que pareciam intransponíveis, caminhar em direção ao novo e voltar a se sentir cheio de vida e energia. Ao ser atingido pela flecha da paixão, receba a sua força.

Mova-se! Você está sendo, neste exato momento, guiado a transformar o que for necessário em sua vida, até que a vida volte a valer a pena para você.

Paixão — Visualização de cura

Feche os olhos e imagine-se sentado em frente a uma bela fogueira. Fique observando o movimento das chamas, conecte-se com a energia vibrante do fogo, ouça o som que ele emite. Então perceba que uma dessas chamas se transforma numa bela espiral feita de fogo e luz, uma linda luz cheia de vida e movimento.

Essa espiral é a força angelical que veio, através do fogo, ajudar você a receber a energia da paixão e a equilibrá-la no seu corpo. Acompanhe os movimentos dessa espiral, que se aproxima calidamente de você e o envolve em movimentos espiralados que se elevam em direção ao céu. Sinta essa energia girando ao seu redor, envolvendo o seu corpo. Permita que ela desperte a vida em cada célula do seu corpo. Sinta em seu corpo o prazer do calor do fogo, do movimento das chamas e dessa poderosa força cheia de paixão. Sinta a energia do fogo pulsando em você. Misture-se com o fogo até sentir-se quente e pulsante. Sinta a vida que existe em você!

Então, aos poucos, vá se afastando da fogueira, voltando a perceber o seu corpo e a sua respiração. Agradeça à fogueira, respire fundo e abra os olhos quando estiver pronto.

36. PERDÃO

Perdão

O perdão é a atitude mais curativa que podemos manifestar na nossa vida. O perdão abre o nosso coração, fortalece o nosso sistema imunológico e nos conecta com a fluidez da vida.

Para perdoar, você precisa se tornar maior do que o seu pequeno ego orgulhoso e ferido, precisa se lembrar de algo que nunca deveria ter esquecido: da sua própria divindade. Abra o seu coração para esta verdade: você é, e sempre será, um ser divino, capaz de verdadeiros atos de amor. O perdão é uma expressão do mais belo amor que somos capazes de manifestar. Pense: é fácil amar a quem nos faz bem, não é? Mas ser capaz de amar àqueles que acreditamos nos ter ferido é um exemplo de uma qualidade superior de amor, que só o nosso Eu Superior e divino é capaz de manifestar. Esse é o verdadeiro perdão.

Para ser capaz de perdoar alguém, antes será necessário que você se perdoe por todas as vezes que, por alguma razão, acredita ter causado dor a alguém. Ao perdoar a si mesmo, você aceitará a humanidade em você e no outro, e ainda assim se sentirá merecedor da vida. Só aquilo que damos a nós mesmos é que somos capazes de compartilhar com os outros.

É importante que você perdoe, pois quando você se apega a mágoas e ressentimentos, é como se estivesse intoxicado por impurezas, e isso faz muito mal a você. Mesmo se alguém tiver lhe feito algo realmente destrutivo, mesmo se essa pessoa o tiver prejudicado, ao perdoar você se desconecta dessa destrutividade, você devolve ao outro aquilo que não é seu. Você se recusa a ficar aprisionado num labirinto de sentimentos negativos. Você se eleva, e pratica em liberdade o lindo vôo da vida.

Ao perdoar alguém, ou a si mesmo, você se sentirá mais leve. Leve como uma criança. É como se tudo ficasse iluminado outra vez. É uma verdadeira purificação.

Se o perdão veio a você hoje, isso significa que você está pronto para dar um passo nessa direção. Abandone suas mágoas, raivas e ressentimentos. Neste exato momento existe ao seu redor uma presença plena de consciência que está lhe trazendo uma grande força amorosa. Essa energia sutil está disponível e pronta para ajudar você a fazer essa purificação, para ajudar você a caminhar na direção do perdão.

Perdão — Visualização de cura

Feche os olhos e sinta uma presença angelical ao seu redor, a presença dessa energia que veio ajudar você a caminhar na direção do perdão. Traga para a sua consciência aquilo que você gostaria de perdoar. Pode ser uma situação, uma pessoa, ou você mesmo. Você saberá.

Imagine então uma cascata de luz prateada caindo sobre você. Deixe que essa luz dissolva e leve embora todo o ressentimento, a raiva, as mágoas. Deixe que ela leve embora tudo aquilo que você não quer mais carregar. Fique sob essa luz, recebendo esse banho

– 115 –

misericordioso e purificador, até que você se sinta leve como uma criança. Celebre essa leveza recém-adquirida saltando num lago luminoso feito do mais puro amor.

Uma nova vida espera por você!

37. PODER PESSOAL

Imagine o seu poder pessoal como se fosse uma força magnética capaz de atrair na sua direção tudo o que você deseja: pessoas, situações, empregos, parceiros afetivos, etc.

Poder Pessoal

A existência dessa força, que estou chamando de Poder Pessoal, é a razão pela qual para algumas pessoas tudo parece fluir com facilidade, sem que precisem fazer qualquer esforço, enquanto para outras, por mais que se empenhem, tudo parece acontecer mais lentamente e com dificuldades.

O seu poder pessoal está profundamente relacionado com o seu nível de energia. Você pode ter todo o poder do Universo fluindo por seu intermédio.

Se você tiver um alto nível de energia, isso significa que estará de posse do seu poder pessoal, o que lhe permitirá utilizá-lo para magnetizar em sua direção tudo o que for necessário para a plena manifestação dos seus desejos, criando assim uma vida satisfatória.

No entanto, se tiver um baixo nível de energia, por mais que se esforce, as coisas parecerão difíceis para você. Quando não temos suficiente poder pessoal, não somos capazes de realizar satisfatoriamente aquilo a que nos propomos. Abandonamos os nossos planos, como se nos faltasse força de vontade para levá-los adiante.

Assim, a chave para o resgate do seu poder pessoal está no manejo da energia. É preciso que você identifique como anda desperdiçando a sua energia e aprenda a elevá-la até o nível que lhe garanta poder.

Você desperdiça a sua energia quando mantém em sua vida hábitos nocivos e desgastantes. Alguns exemplos: julgar as pessoas, criticar, condenar, se queixar, reclamar, tentar controlar a vida, manter diálogos mentais nocivos, beber demais (e tantos outros vícios), gastar o tempo em atividades infrutíferas (como assistir a um programa de televisão que não lhe acrescente nada), etc.

Por outro lado, você aumenta o nível da sua energia quando medita, quando fica em contato com a natureza, quando tem pensamentos positivos ou deseja bem às pessoas.

Se o poder pessoal surgiu para você na forma desta carta, isso significa que é importante que se torne consciente das maneiras pelas quais vem desperdiçando a sua energia. Abra mão de hábitos que limitam a sua capacidade criativa. Existem forças angelicais ao seu redor, neste exato momento, ajudando você a recuperar o seu poder pessoal.

Você é um ser divino, poderoso o suficiente para criar a mais bela manifestação de vida. Esta é a sua oportunidade de manifestar esse poder e criar uma nova vida. Acredite. Renasça. Seja quem você verdadeiramente é. Você pode.

Poder Pessoal — Visualização de cura

Veja a si mesmo subindo a encosta de uma montanha. Sinta o contato dos seus pés com o solo, sinta a força das suas pernas. Vá subindo e, aos poucos, a cada passo, vá deixando cair de suas costas velhos hábitos, crenças, atitudes, pessoas, tudo o que você percebe que drena a sua energia. Veja caindo de suas costas os medos, o desejo de agradar aos outros, as pessoas que vêm exigindo muito de você, os vícios. À medida que isso vai se desprendendo de você, sua caminhada vai se tornando cada vez mais fácil, seus passos mais leves. Até que você chega ao topo dessa montanha muito alta. Você está perto das nuvens e tem uma visão maravilhosa aí de cima. Respire fundo e sinta o seu poder pessoal. Sinta-o... agora mesmo. Sinta a força pulsando em você nessa montanha tão alta. Sinta o seu próprio poder. Fique aí o tempo que quiser. Quando estiver pronto, retorne, trazendo com você todo esse poder.

38. POSICIONAMENTO

Posicionamento

Muitas pessoas, em busca de manifestarem qualidades positivas como a generosidade, o amor, a bondade e o perdão, acabam cedendo sempre aos outros, como se fosse um "pecado" afirmar a sua própria opinião. Estão sempre tentando agradar a todos, ou ser aceitos, como se assim se tornassem bondosas e cumprissem o seu "papel espiritual".

Mas bondade não significa concordar sempre com os outros. Bondade não é submissão, ou autoanulação. Muitas vezes pode significar exatamente o contrário. A bondade, a justiça e a beleza só se manifestam como qualidades divinas quando partem do nosso Eu Superior e não de um ego frágil, incapaz de se posicionar, de colocar limites ou de dizer não.

Cada um de nós, por mais que ainda nos sintamos falhos ou imperfeitos, é uma peça única e divina, que se encaixa com perfeição a todas as outras peças desse quebra-cabeça universal. Mas se não formos exatamente quem somos, o todo fica incompleto, como ficaria um quebra-cabeça caso cortássemos partes de uma peça qualquer.

Assim, se uma pessoa constantemente anula a si própria e deixa de manifestar a sua opinião, não está cumprindo a sua tarefa mais preciosa: ser ela mesma!

Se o posicionamento surgiu a você hoje, você está sendo chamado a honrar mais o seu próprio ser e a se apropriar de sua força e firmeza. Afaste-se um pouco de tudo e de todos, lembre-se de quem você verdadeiramente é. Ouça a sua própria voz. Olhe para dentro de você e enxergue a sua própria face iluminada. Fortaleça a si mesmo.

Pare de desperdiçar a sua energia pedindo a opinião dos outros ou tentando agradar a todos ao seu redor. Respire fundo, sinta a força das suas próprias pernas, encontre a sua própria verdade e a força de lutar por ela, mesmo se as pessoas ao seu redor não concordarem com a sua posição. Honre a seu Eu Superior acima de tudo. Posicione-se!

Existem seres angelicais ajudando você na sua caminhada.

Posicionamento — Visualização de cura

Veja a si mesmo caminhando por uma floresta e escolha um lugar para criar seu espaço de posicionamento. Limpe bem esse lugar, até que você tenha uma superfície plana e limpa. Vá então pegando pedras na floresta e construindo um círculo de pedras, o seu círculo, onde ninguém poderá entrar. Vá delimitando o seu espaço.

Quando terminar, sente-se dentro desse círculo de pedras. Visualize então um largo facho de luz descendo do céu, indo até as profundezas da Terra, passando exatamente pelo seu círculo, criando um cilindro luminoso ao seu redor. Sinta que essa luz irá ajudar você a proteger o seu espaço, impedindo-o de ser invadido ou desrespeitado. Sinta a força das pedras e da luz fortalecendo a sua capacidade de se posicionar. Sempre que estiver com dificuldades de se posicionar frente a alguma pessoa, volte para o seu círculo, veja-se dentro dele, protegido pelas pedras e pela luz, e veja a pessoa do lado de fora, respeitando o seu espaço.

– 121 –

39. RENASCIMENTO

Imerso nas profundezas do seu próprio ser existem tesouros, qualidades e níveis de consciência inexplorados, talvez inimagináveis até mesmo para você. Chega um momento da nossa vida em que esse potencial luminoso adormecido dentro de nós precisa de espaço para desabrochar. A carta do renascimento fala desse momento sagrado em que essa essência profunda aflora, trazendo com ela uma vasta teia de novas possibilidades. Quando isso acontece é como se nascêssemos de novo, dessa vez dando à luz a nossa própria alma.

Em geral, isso acontece logo após termos passado por um período de muita intensidade e turbulência na nossa vida. Pode ser que tenhamos passado por uma doença difícil, sofrido um acidente, ou uma grande perda. Pode ser que tenhamos sofrido uma separação dolorosa, uma ruptura financeira ou vivenciado uma grande frustração. O fato é que quando vivenciamos experiências de profunda dor ou frustração, é como se fôssemos partidos ao meio. As verdades em que tínhamos nos baseado por toda uma vida de repente caem por terra e nos sentimos profundamente fragilizados. É nesse momento, no entanto, com o ego ferido e despedaçado, que a alma finalmente encontra espaço para se manifestar. É como se a casca precisasse ter se rompido para que o verdadeiro ser pudesse abrir suas asas e voar.

Finalmente, ao renascer desse modo, nos permitimos ser simplesmente quem somos. Cansados de tentar corresponder às expectativas de outras pessoas, arriscamos, pela primeira vez, revelar a nossa verdadeira natureza.

Se o renascimento veio a você hoje, saiba que todas as dificuldades que você tem atravessado nos últimos tempos tiveram a finalidade de preparar você para este momento. Chegou a sua hora de nascer mais uma vez. Você está vivendo um enorme salto de consciência, sendo conduzido em direção a um estado de paz que você nunca tinha atingido antes. Neste exato momento existem energias angelicais ao seu redor, facilitando o seu renascimento. Como parteiras luminosas, essas energias irão guiar você em direção a uma nova vida, mais plena, mais verdadeira e mais feliz. Confie e se entregue sem medo. Despeça-se da vida como a tem conhecido até hoje, pois lindos milagres estão para acontecer.

Renascimento — Visualização de cura

Veja a si mesmo num lugar fechado, e perceba-se acocorado no interior de uma semente. Você não se sente desconfortável. Tudo está quieto. Nada se move. Então você começa a sentir um calor, e percebe que é um raio de sol que atravessou a terra e está aquecendo você. Perceba essa energia dourada, como se fosse um convite à vida. Vá permitindo que, sem esforço algum, esse raio dourado de sol vá abrindo a semente. Perceba a abertura e vá se projetando através dela, para fora. Sinta-se expandindo em direção à luz, perceba no seu corpo o prazer de ganhar mais espaço, de sair de dentro da terra, de expandir-se em direção a um espaço amplo e luminoso. Vivencie essa expansão como se todo o seu corpo estivesse se alongando, esticando, se abrindo, crescendo. Cresça mais e mais, até sentir-se firmemente apoiado sobre o solo, os braços estendidos na direção do Sol. Respire o ar fresco, sinta a firmeza das suas pernas e receba a energia do Sol como uma celebração da sua vida.

40. RETIRO

Retiro

Assim como o nosso corpo precisa de uma alimentação adequada e uma rotina de exercícios físicos para se manter saudável, a nossa alma algumas vezes se torna debilitada em função da vida que levamos, principalmente aqueles de nós que vivem em grandes cidades.

A nossa conexão com a terra é cortada por camadas e camadas de asfalto. Os ritmos internos são desrespeitados e forçados a se adequar a exigências externas e horários marcados. Mal olhamos para o céu. Esquecemos de que existem estrelas nesse infinito azul que paira acima da nossa cabeça ao anoitecer. Acabamos nos esquecendo de quem somos e do que estamos fazendo aqui, perdidos num mar sem fim de exigências que nos fazem trair a nossa própria natureza interior. Você já viveu algo assim?

Quando isso acontece, você se sente triste, solitário, muitas vezes abandonado. É como se estivesse desconectado da sua essência e da própria vida. Sente tristeza porque abandonou a si mesmo ao permitir-se ser engolido por essa vida exaustiva e mecanizada.

Você tem sido duro demais com você?

Se esta carta surgiu hoje a você, pense em como anda se sentindo ultimamente. Perceba o quanto você tem se envolvido com as tarefas cotidianas num ritmo que tem desrespeitado as necessidades legítimas da sua alma, o que pode estar gerando irritabilidade ou tristeza.

Não importa quais sejam suas responsabilidades, é vital que você reserve tempo e energia para também cuidar e nutrir a sua alma, para ouvir e honrar seus sentimentos mais profundos e para ouvir a voz divina que nunca deixa de sussurrar nos seus ouvidos palavras de amor e direcionamento.

Afaste-se de tudo por um tempo. Desligue-se de suas obrigações diárias e procure um lugar onde você possa ficar em contato com a natureza, respeitar seus ritmos, descansar. Respire o ar puro. Caminhe descalço pela terra molhada. Contemple a beleza das plantas, o vôo dos pássaros. Olhe para o céu e pergunte-se de onde vieram todas aquelas estrelas... Lembre-se de que você é um ser divino, fazendo uma maravilhosa experiência neste planeta.

Retiro — Visualização de cura

Imagine que você vai se afastando dos ruídos da cidade, das pessoas, dos pensamentos, dos problemas... Comece a mergulhar no silêncio que existe dentro de você. Sinta o silêncio e a paz aumentarem cada vez mais, à medida que você se afasta do mundo exterior. É como se você estivesse penetrando na gruta sagrada que existe dentro de você. Ao chegar a essa gruta, sinta-se plenamente em paz, longe de tudo e de todos. Sinta isso... sinta a quietude dessa gruta, a proteção, a paz. Tudo o que você precisa fazer é ficar com você mesmo.

– 126 –

Perceba então que existem inúmeros cristais encravados nas paredes dessa gruta. Na quietude, os cristais começam a brilhar, emanando em sua direção uma luz azul, um azul profundo e relaxante. Esse azul vai envolvendo você e dissolvendo todo o cansaço que ficou guardado no seu corpo. Fique nesse banho azulado pelo tempo que quiser, até que se sinta relaxado e em paz. Saiba que você pode voltar a essa gruta sempre que desejar.

41. ROMANCE

Muitas vezes parece que a nossa vida se torna seca e estéril. Nós nos sentimos afastados da suavidade dos jardins, da docilidade dos aromas, da beleza dos relacionamentos. Talvez você venha se sentindo assim ultimamente, secretamente clamando, no seu íntimo, por algo que torne a sua vida mais colorida, seus dias mais leves, seu coração menos solitário. Talvez você venha desejando mais romance na sua vida.

Suas preces foram atendidas.

Para nos ajudar a seguir em frente e recuperar a leveza, vez ou outra o universo planta no nosso caminho pequenas sementes que nos ajudam a recuperar a lembrança da alegria e do relaxamento. O romance é uma dessas sementes.

Quando esbarramos no romance, a semente se abre em flor e nos sentimos inebriados pelo seu perfume suave, que imediatamente dissolve o peso que carregamos sobre os nossos ombros e nos faz sentir aquela alegria de criança que tantas vezes nos fez brincar com a vida, acreditar na sua beleza e rir das nossas próprias quedas.

O romance nos ajuda a lembrar que a vida é só uma experiência, e nos permitimos a leveza de experimentá-la como quem prova o néctar de uma flor pela primeira vez.

Se esta carta veio a você hoje, prepare-se para momentos deliciosos, pois uma semente de romance está sendo plantada no seu caminho. Mantenha-se aberto, caminhando pelo mundo como se fosse uma criança descobrindo-o pela primeira vez. Solte o peso, as amarras, as certezas. Arrisque-se a sair da rota traçada e deixe-se conduzir por novos caminhos. Abra o coração e fique atento às pessoas ao seu redor.

O romance pode estar em qualquer pessoa, em qualquer lugar, até mesmo naquelas pessoas e lugares que você já conhece. Para encontrar o romance, você precisa abrir seus olhos, precisa tornar-se novamente sensível ao belo, precisa sair da sua concha, do seu isolamento.

Quanto mais você for capaz de se abrir, mais as sementes ao seu redor desabrocharão em forma de uma nova vida, plena de romance, florindo para você.

Romance — Visualização de cura

Feche os olhos por um instante e imagine-se caminhando por um belo campo florido. Preste atenção em cada pequena flor, no som dos pássaros, na brisa que agita seus cabelos. Vá caminhando e deixando que todo o peso que você vem carregando sobre os ombros vá se soltando. Sinta-se mais leve a cada passo.

Então, você encontra no solo uma pequena semente que chama a sua atenção. Você a segura na mão por um momento, até que percebe que ela começa a se romper, e uma luz começa a sair de dentro dela. A luz vai se transformando num lindo pássaro. O pássaro cresce e convida você a subir nas suas costas. Você sente que o pássaro é um novo companheiro em sua vida, e que está convidando você para um maravilhoso vôo de descobertas. Você confia nele e sobe nas suas costas, sentindo-se seguro e confortável.

O pássaro levanta vôo com você, e você se sente como uma criança. Delicie-se com esse vôo. Siga com ele, simplesmente prestando atenção no que acontece. Ele o levará ao lugar de sua vida, onde o romance espera por você. Para onde quer que o pássaro o leve, o romance estará lá, à sua espera.

Quando sentir vontade de voltar, peça a ele que o traga de volta.

42. SAUDAÇÃO

Você já se permitiu algum dia assistir ao nascer do Sol? Ver aquela silenciosa esfera avermelhada surgir no horizonte, como uma bola incandescente, espantando a noite e saudando, com sua força e beleza, mais um dia da sua vida?

Saudação

Existe uma poderosa energia que acompanha o nascer do Sol. Os orientais sempre souberam disso e possuem técnicas específicas que lhes permitem assimilar com mais intensidade essa luz dourada e cheia de vida trazida a cada amanhecer.

Saudar o Sol é saudar a luz que torna viva cada célula do nosso corpo; é saudar o sagrado em nós e ao nosso redor; é saudar a própria vida, a mesma vida que pulsa em tudo o que existe.

Ao saudar o Sol no início de um novo dia, nós nos reconectamos com a nossa divindade interior, nosso Eu Superior, e ao fazer isso tornamos tudo divino ao nosso redor. Ao sermos tocados por essa luz dourada somos elevados a um estado superior de consciência, como se encontrássemos passagens secretas, portais luminosos que nos conduzem a um lugar feito da mais pura luz e paz.

Talvez, nos últimos tempos, você tenha se afastado da sua espiritualidade, do seu Eu Superior. Quando isso acontece acabamos nos sentindo isolados, afastados de nossa própria luz, separados.

Se a saudação surgiu hoje para você, você está sendo convidado a reconectar-se com o divino em você. Procure um lugar de onde seja possível assistir ao nascer do Sol. Abra o coração e conecte-se com essa energia. Ela trará na sua direção uma poderosa força angelical que servirá como um molde energético para que você se reconecte com os mundos superiores. Você está pronto para dar um salto energético e retomar contato com os planos superiores, mais sutis. Ao fazer isso você receberá iluminação e direcionamento, o que o ajudará a fazer escolhas e reencontrar os caminhos que a sua alma traçou para você. Um raio dourado de Sol o guiará, acredite!

Saudação — Visualização de cura

Imagine-se sentado sobre uma nuvem branca, longe de tudo e de todos, na mais perfeita paz, naqueles instantes que precedem o nascer do Sol. Aos poucos, veja a luz solar chegando e sinta isso no seu corpo. Sinta a força dessa maravilhosa esfera de luz se elevando no horizonte. Sinta a mudança de cada nuance de luz e veja o Sol elevando-se, magnífico! Respire e estenda as palmas de suas mãos na direção do Sol. Absorva essa energia dourada pelas palmas das suas mãos e pelo seu coração. Permita que essa energia aqueça o seu corpo, sinta a pulsação da vida dentro de você, como se todo o seu corpo começasse a brilhar com essa mesma luz dourada. Sinta cada célula do seu corpo como um pequeno sol, irradiando essa mesma luz. Respire fundo e integre essa energia vibrante, leve o tempo que precisar, até que esteja pronto a voltar a perceber o seu corpo e abrir os olhos.

43. SAÚDE

Saúde é um estado de equilíbrio e é o estado natural de todos nós.

Saúde

No entanto, todas as vezes que nos afastamos da nossa própria divindade, começamos a adoecer. O nosso corpo espiritual adoece, bem como os corpos mental, emocional e, por fim, o físico. Isso significa que, antes de detectarmos uma alteração no nosso físico, muitos sinais já nos foram dados nesses outros níveis do nosso ser.

Você é um ser divino, capaz de co-criar a sua realidade a cada instante da sua vida. Os seus pensamentos, emoções, atitudes e até as suas palavras afetam profundamente cada átomo que constitui as células do seu corpo físico. A sua saúde nada mais é do que um reflexo do que se passa dentro de você.

Muitas pessoas pensam em buscar a saúde, mas permanecem focadas naquilo que enxergam como doença nelas mesmas. Como se tivessem sido encantadas, não conseguem se desprender desse círculo vicioso e ficam enredadas em padrões mentais, vícios emocionais e crenças nocivas a seu próprio respeito. Se esse for o seu caso, desvie o seu foco de atenção!

Eu vou lembrá-lo novamente... você é um ser divino, capaz de criar ao seu redor uma vida bela, radiante e saudável! Olhe para o que já existe de belo, harmonioso e saudável na sua vida e pratique a gratidão. A gratidão é uma das mais belas energias de cura à qual temos acesso.

Se a carta da saúde surgiu hoje para você, existem, neste momento, energias angelicais prontas para ajudar você a mudar o seu padrão vibratório. Você está sendo ajudado a superar qualquer obstáculo, a vencer qualquer desafio e a manifestar a sua natureza divina na forma de uma vida saudável, plena e radiante. Escolha pensamentos positivos para povoar a sua mente, limpe o seu coração de emoções negativas, como a mágoa e o ressentimento, conecte-se mais com seu Eu Superior. Respire mais profundamente, e deixe que esse ar leve a cada célula do seu corpo uma imagem de si mesmo saudável e feliz.

Saúde — Visualização de cura

Feche os olhos e focalize a sua atenção no seu corpo por um momento. Sinta a sua respiração, sinta o movimento do ar entrando e saindo de seus pulmões. Sinta a vida que existe em você. Então, imagine uma espiral verde bem no centro do seu peito, e perceba que essa espiral começa a girar. A rotação dessa espiral vai gerando uma linda energia verde de cura, que começa a se expandir para todo o seu corpo. Aos poucos você vai percebendo que essa mesma espiral verde está presente em cada célula do seu corpo. Sinta infinitas espirais de cura girando no seu corpo agora mesmo. Sinta que a luz verde e a rotação estão restaurando o equilíbrio e a saúde de todas as suas células, de todos os seus órgãos e, desse modo, de todo o seu corpo. Ao receber essa luz verde, é como se cada célula do seu corpo recuperasse a memória da sua natureza divina e entrasse em harmonia com ela. Respire e sinta a saúde sendo fortalecida, ou restabelecida, neste exato momento. Veja a si mesmo como um ser perfeitamente saudável. Sinta-se em paz.

44. VITÓRIA

Um dos ensinamentos que considero mais preciosos na vida é aquele que diz que tudo a que dedicamos a nossa atenção tende a se desenvolver.

Você pode ter um bom terreno, e nele decidir plantar sementes. Esse já é um bom começo, mas não garante um jardim florido.

Imagine que você divida esse jardim ao meio e que só dedique a sua

Vitória

atenção à metade da direita — tirando as ervas daninhas, regando, adubando — deixando a metade da esquerda sem nenhum cuidado ou atenção.

É claro que ao final você terá apenas metade de um lindo jardim. A metade da esquerda fenecerá, ou se tornará repleta de mato e ervas daninhas.

Assim, se você deseja obter vitória, seja qual for o desafio, precisa dedicar-se a ele com a mesma atenção e carinho que um jardineiro dá a um jardim. Observe que não se trata de ter de "sofrer" para fazer acontecer, como acreditam tantas pessoas, e sim de oferecer uma atenção amorosa ao que você quer cultivar na sua vida.

Se a vitória está visitando você hoje, prepare-se, é tempo de colheita! Os frutos que estão chegando para você são nada mais do que o retorno merecido da atenção que você tem derramado sobre a sua própria vida. Não pense que seus esforços e dedicação foram em vão. Não importa se as pessoas ao seu redor não forem capazes de perceber ou valorizar os seus cuidados atenciosos. Acredite, o Universo irá recompensá-lo por cada pequeno gesto de consciência que você tem manifestado na vida.

A vitória está vindo agora mesmo na sua direção. Abra os braços para recebê-la. Você merece!

Vitória — Visualização de cura

Feche os olhos por um momento e imagine-se sentado no coração do seu jardim. Perceba ao seu lado um belo cesto, feito de fios luminosos das mais variadas cores. Então, uma suave chuva começa a cair sobre você, só que as gotas que caem não são de água, e sim minúsculas pedras preciosas. Diamantes, turquesas, rubis... as mais puras e delicadas pedras preciosas de todas as cores caem suavemente sobre você.

O Universo está enviando a você um momento pleno de vitória. Pegue o seu cesto e receba este presente. Receba e agradeça!